独りじゃダメなの

中国女性26人の言い分

呉淑平　著
南雲智　監・訳
宮入いずみ　鷲巣益美　土屋肇枝　ほか訳

論創社

自序

六年前、「独身女性調査」という本を出版すると、比較的注目され、数種類の全国紙で相次いで取り上げられもし、ネット上のアクセス数も非常に多かった。けれども私自身にはどうにも意外でしかたなかった。それと言うのも、私の他の著作の方がこれよりましだと思っていたからだった。

そのため、外文出版社編集者の劉女史から、この本の英訳版を出版したい旨の話があった時には、私の他の著作を出版したらどうかと勧めたほどだった。でも内容や売れ行き動向などからだろうが、彼女はあくまでもこの本の出版にこだわった。

私には時として、純文学の方が本書のようなルポルタージュの類よりずっと価値があると思う傾向がある。

以前、ある新聞の「告白を読む」欄を担当していたため、そうした類の本が世に出るのは当然ではあったが、私の純文学への思い入れが強かったからだろうが、こうした仕事が時間とエネルギーのまったくの無駄遣いのように思われて仕方なかった。そのため二〇〇八年末に『親身になって』を出版した時には、序文で、今後は告白物には手を染めないとまで記した。それにも関わらず、なんの因果か再度、本書を書くことになってしまった。しかし、おそらくこの先はもう決してこのような内容のものを書くことはないだろう。

六年後の現在、原稿の見直し作業を進めてみると、汗顔の至りである。私の足腰が定まっておらず、その結果、調査が綿密、周到とは思われない何人かの人物についての文章を思い切って削除することにした。そのため分量が半分ほどになってしまい、あらためて未発表の新しい調査内容を加えることにした。調査範囲は北京、上海、広州、深圳といった大都市から成都、厦門、杭州、岳陽など中都市にまで及んでいる。しかも現代人は同じ都市に住み着こうとしない人が増えてきていて、どこの都市の人という枠組みで括ることが難しいケースにもよくぶつかったことから、本書を『中国独身女性調査』とした。

個人のプライバシーに関わる本音や告白に切り込んで、まとめた文章を読んだ多くの人は必ずと言っていいほど、次のような質問をする。「これは事実なのか」と。その答えはもちろん「その通り」である。ただ断っておかなければならないことがある。それは当事者の口頭での物言いと、文章にした表現とでは完全には一致していないということである。口語表現をそのまま文章にはできないからだが、しかしその内容は細部に至るまで、すべて語られた事実そのものである。

その他にも説明を要することがある。文章中に記された対象者の年齢はすべてインタビュー当時であり、現在の年齢はそれぞれ一歳から六歳、加えなければならない。またあらためて連絡の取れたインタビュー対象者は、現在もすべて独身であり、厳密に言えば、すべて未婚のままであった。どうやら〝女性余り〟の時代、結婚はなかなか難しい問題になっているようである。

以前、私を「心情専門家」と呼ぶメディアが少なくなかったが、それはあまり正しいとは言えないだろう。なぜなら私は専門家ではなく、ごく普通のメディア人であり、作家であり、心情分析でも強いて言えば、研究者に過ぎない。仕事柄、多少は研究して、少々自分なりの捉え方を持っているに過ぎないだけである。

私が心理分析医でないことは、大いに強調しておかなければならないだろう。これまでに心理、心情に関する作品を発表したり出版するたびに、読者から心の悩みについての質問が数多く寄せられた。私はそれらの手紙には誠意をもってすべて返事を書いてきた。ただ私は占い師ではないので、読者の簡単な記述内容だけで十全な処方箋を書くことはできなかった。かりにそのようなことをすれば、無責任な行為であろうし、自分が善導師にでもなったような過信の結果にほかならないだろう。

対象者へのインタビュー時、私は忠実な記録者に徹し、訴えかけてくる者の隠された事実を漏れなく記録することこそ私のやるべき仕事だった。彼女たちの話から屈折して見える現代中国社会の心情問題、心理問題、家庭問題、そして社会問題については見識豊かな方々、あるいは後世の人びとの研究にゆだねるしかない。

これをもって序としたい。

呉淑平

独りじゃダメなの——中国女性26人の言い分　目　次

コラム

独りじゃダメなの——中国女性26人の言い分

あのころに戻りたい

取材場所：北京市朝陽区のレストラン
取材相手：王萌萌《ワンモンモン》
年　　齢：二十八歳
略　　歴：大卒、教育関係会社経営、章子怡に酷似。

一

彼とはブログで知り合い、QQ［チャット用のソフトウェア―訳者注］で愛しあうようになり、初めて会って燃え上がり、終生の愛を誓い合った。「永遠（とわ）の幸せ約束して、あなたのために書いた歌、彼もそっと涙を浮かべ、私もあなたとの約束忘れない、今ではもっと愛しているの」という、あの『約束』の歌詞とそっくりそのまま。

ブログが流行り出した頃だった。彼も始めたばかりで、自分の気持ちや思いを書き込んでいた。当時、私は辛い愛を終わらせたばかりで、もう愛を育てることなんてできないと思っていて、男というものに壁をつくって、私に言い寄ってくる男たちに心が動かされることなどなかった。彼は彼で、行き違いの愛を終わらせたばかりで、結婚することもないだろうと思っていたらしい。

ところが以心伝心、それとも前世からの因縁なのか、私は彼のブログが気に入り、毎日必ずチェックして、じっくり読むようになった。でも最初の頃は読むだけで、書き込みなどしなかった。

やがて彼が真面目で、善良で、親思いで、責任感があり、頭が良いことに気がつき、どれも私が求めているものばかりだった。でもそんな私の思いは心の奥に抑え込んでしまっていた。

一年半が過ぎたある日、彼の文章に感動し、いてもたってもいられなくなってＱＱの番号を書き込んだ。それまでの彼は十人以上のＱＱを無視していたけれど、私だけは何となく感じるものがあったらしく、ＱＱに加えたらしい。

パソコンを開けたとき、私を加えたことに気づいて、どうしても気持ちを抑えられずに「本当なの？」と訊いたら「そうだよ」と返ってきた。

パソコンでお互いの画像を見ながら、二人は前世からの知り合いだったかのように、とてもしっくりいっていて、たぶんこれが一目惚れっていうものだったのかもしれない。チャットをしていて、これほど楽しく、気持ちが通じ合ったことなどなかった。

互いにＱＱに登録し、頭から離れない存在になっていった。私は遅寝遅起き、彼は早寝早起き、でも彼の出勤前にチャットしたくて朝からパソコンを開けて待った。彼も、帰宅するなりパソコンを開けて私を待った。互いに仕事を片付けると急いで帰宅し、ＱＱで相手の画像を見つめ合うようになっていった。

八月十八日の日記にこう書いた。まだ会ったことのない人にこんなに恋いこがれてしまっていて、片時も彼のことが忘れられないのは、神様が引き会わせてくれたのかもしれない。彼こそ私の未来の夫、だって正直で、善良で、向上心があって、私は彼の心を読み取れるから、二人が一緒になれたら、私はきっと彼を幸福にしてあげられる……彼以外の人はもう考えられない。

彼の方もずっと想い続けていたらしい。愛の経験を積んできた大人だけに、会ったこともない人にどうしてこんなに夢中になるのか、本当に神様がいて、神様の思し召しなのだろうか、と。

私はQQに二度、携帯電話の番号を送った。彼は口では番号を覚えたと言っていたけれど、実は覚えていなかった。必ず彼から連絡が入るはずと思っていたものだから、知らない番号から電話がかかってくるたびにドキドキしたけれど、いつも失望させられ、メールも入らなかった。

あとで彼に聞いたら、〝幻影〟という言葉を耳にするたびに怖くなり、衝動的になるまい、私を傷つけまい、自分で自分を抑えなければ、と考えて直接連絡できる手段は使わないと決めて、私の番号を覚えなかった。互いに失望することなく、美しい思い出として残せたほうがいいと思ったのだそうだ。

でも、あふれる気持ちは次第にどうしようもなくなっていった。まるで洪水が堤防を決壊させるように。彼は暇さえあればQQで私を待ち、私に返事を書いていたという。

あるとき兄嫁に話したら、それは本当の愛だから、広州へ会いに行けばいいと言われた。彼にそのことを伝えると、はっきりとは言わなかったけれど、ためらっていたみたいだった。

それから間もなく、兄といっしょに実家へ行く用事ができ、日程も決まった出発六時間前になって、このことを彼に伝えた。あなたが望むならすぐ広州に飛行機で行き、四時間だけだけれど時間が取れると。でも彼は、あまりにも慌ただしすぎる、二人の愛がずっと続くなら慌てることはないと言ってきた。

そのときは会えなくてちょっぴりがっかりしたけれど、彼の言うとおり、二人の愛がずっと続くなら、急ぐこともないと自分を納得させた。

私の実家は江西省上饒《シャンラオ》市の小さな町で、家にパソコンはなく、町にはネットカフェもなかった。そのためいつもの連絡手段が使えず、その数日間というもの電話やメールを心待ちにしていたけれど、彼は自制していたらしい。私はしょっちゅう彼に抱かれて眠っている夢を見ていた。

故郷では友達や親戚と会って数日間、過ごしたけれど、彼のことが忘れられるのは一時でしかなかった。一週間近くなると、とうとう我慢できなくなり、親戚の人たちと大きな町へ食事に出かけたとき、友達の家に行くと嘘をついて、ホテルに泊まった。ネットカフェに行くためで、彼は毎日、ＱＱに私へのメッセージを残してくれていて、とても興奮したし、嬉しかった。彼のメッセージを見るためだけにホテル代三百元を使ってしまったけれど。

北京に戻るや、真っ先にパソコンを開いた。夢中でキーを打つ二人の会話は支離滅裂だったと思う。しばしの「別れ」が感情を高ぶらせてしまっていたから。

それまで私は一人の人をそこまで思ったことがなかった。何をしていても彼のことが頭から離れず、彼から言われれば、すぐに何でもしようと思った。他の人から頼まれても無視しただろうけれど。彼も私を信じて何でも話してくれた。私たちは一緒に事業を起こす計画を立てた。その頃にはすでに普通の友達や恋人ではなく、血のつながった肉親のような奇妙な感覚になっていた。

ウェブのサイトで姓名判断をしてみたら、不思議なことに、前世では家族だったし、現世では夫婦になる運命にあると出た。生年月日占いでも二人の相性はぴったりで、私は文句なしにそれを信じた。彼へのこうした感覚を現実の知識だけで説明するのは難しかったから。

二

ひと月ほど経ったある日、仕事中に携帯電話の電池が切れてしまった。仕事を終えて帰宅し、いつも通りパソコンを開けた。どんなに忙しくても八時半には家にいるようにしていた。パソコンを立ち上げながら携帯電話の充電もした。そしてＱＱに入るや、今夜九時に北京空港に着くから迎えに来てほしいというメッセージが目に飛び込んできた。携帯にも入れているはずと思って開いて見るや、十八通も入っていた。一通だけ知らない番号があり、開けてみると、それも彼からで、内容はＱＱと同じだった。私は舞い上がりながら慌てて着替えをして、車を飛ばした。家から首都空港まで車で三十分ほどなので、スムーズに走れば彼の到着と同じくらいに着けると思い、車を思いっきり飛ばした。

空港に着いても彼からの電話がなく、私は十二番ゲートで待っているとメールを出した。彼からは荷物のピックアップ待ちとの返信があった。

それから数分後、私がまたメールを出すと、今行くとの返事。そしてついに十二番ゲートから彼が姿を現した。写真で見るのと同じだった。ずっと前からの恋人のようで、初対面だなんて思えなかった。だから感動的でロマンチックな抱擁なんてこともしないで、すぐに車で市内に戻った。

きっとお腹が空いているだろうと思い、湖南料理を食べに行った。常識はずれに女の私から「今夜は御馳走させて」と言うと、彼の返事は分別をわきまえたもので「いや、割り勘にしよう」と笑いながら返してきた。

簡単な食事をし、ビールも飲んで、私が支払いをしようとすると、彼が店員に「そのお金は偽物だから、受け取ってはダメだよ」と冗談を言った。彼のユーモアを含んだ言い回し一つで彼の人となりがわかり、機知に富んだ、頭の回転が早い人というのが彼に対する第一印象だった。

車でホテルに向かう途中、彼が突然、キスをしてきたので慌ててブレーキを踏んで、道の真ん中に車を止めてしまった。私が少し落ち着くと彼がまたキスをしてきた。それから二人は狂ったようにキスをした。体の全身から力が抜け、何もわからなくなってしまった。

気がついたら回りは黒山の人だかりだった。でも私たちは二人だけの世界に浸り続けていた。

神でもない私は抑えきれない激しい感情が襲ってきたとき、矜持をかなぐり捨てて愛に身を焦がす女となって、身も心も誠実このうえない男性にどれほど愛されたかったか。

その夜、そんなことになるなんて思ってもいなかったけれど、彼と結ばれた。すると彼が涙を流し、それが男の真情からのもだとわかり、私も泣いた。

翌朝、私はマスコミへの説明会場へ行くために七時に起きなければいけなかったけれど、彼はまだ眠っていた。私は家に帰って、そそくさと化粧をしてからホテルに戻り、まだ寝ていた彼を起こして、車で説明会場に向かった。十一時半に終わり、招待客との昼食会が予定されていたけれど、ホテルに残してきた彼のことが気がかりで、口実を作って抜けだし、彼と一緒に昼食を食べた。

それからの三日間、二人は抱き合い、おしゃべりをし、まるでベッドこそ天国のように感じていた。ときどき食事に出るほかは、ずっとベッドの中で、携帯電話が恨めしかったし、時間を止めることができないのが恨めしかった。

四日目にチェックアウトし、目的地も決めず、郊外に向けて車を走らせた。私が天の果てまで行きましょうかと言うと、彼もいいねと答えた。気ままに車を走らせ、昼頃、景色の良いところで車を停めた。午後はそこで過ごし、夜もそこで過ごした。本当は映画を見に行くつもりだったけれど、ずっと二人きりでいたかったから。

翌日、遅い朝食をとり、またもや〝天の果て〟へ向かい始めたけれど、でもそれは帰りの道だった。航空券の変更ができず、明日中に帰らなければならないと彼から言われ、北京市内に戻ると、二人の想いが詰まった同じホテルの同じ部屋をとった。夜は十数人の友達を招いて送別会を開いた。

その夜、二人のこれからについて相談した。彼は海口での仕事をやめて家も処分するとなると一年はかかるから、一年後に北京で一緒に暮らそうと言った。

一年は長すぎる、三百六十五日、八千七百六十時間もどうやって待てばいいの、と私が言うと、彼は少し考え、家を貸すことにすれば、三か月でできないこともない、三か月後には一緒になれるだろうと言った。それでようやく私も安心した。

別れることの辛さが互いの心に突きささり、ずっと抱きしめ合っていた二人が空港に着いたのは十三時十分で、十四時出発の搭乗手続きを済ませると、二人はぴったり寄り添い、仕方なく足を前に出すようにして歩き、身体チェック場に並んだのは十三時半だった。彼の番になったとき、急に振り向いて私にキスをして〝愛している、できるだけ早く戻ってくるから〟と言った。私も〝愛している〟と言った。

彼がゲートの向こうへ行ってしまうと、すぐにメールを送った。〝あなた、気をつけてね。向こうに着いたらメールを。ずっとあなたのことを想っているわ〟

すぐに彼から返事があった。〝ありがとう。ぼくもずっと君のことを想っている。いま待合室にいる〟

私の心はぽっかり穴があいたようで、何をしていても心は虚ろだった。三時間後、待ち続けていた携帯電話に〝海口空港に着いた。君のことが頭から離れない〟というメールが入った。私もすぐに〝安心したわ。ねえ、毎日メールを、電話をちょうだいね。ずっとずっとあなたのことを考えているのだから〟とメールを出した。

それからの三か月、二人は仕事と眠るとき以外はQQで連絡を取りあい、愛をささやきあい、疲れなど感じなかった。うまくQQに入れないときは、電話でいつも一時間以上、話していた。何でも打ち明けた。離れていても、彼を助けられるなら何でもするつもりでいた。私は仕事が終わるとまっすぐ帰宅するようにした。実際の行動で示し、彼に余計な心配をかけさせたくなかったからで、彼も同じだった。

その三か月は三年にも感じられた。彼は約束どおり、海口でのすべてを処理し、スーツケース二つだけで北京に来てくれた。私の生活がこれでようやく足が地に着いたと思った。

三

新たな生活を始めるにあたって、新しい環境が必要だと思った。とりあえず彼にはホテルに泊まってもらい、新しい家を探すことにした。当時の家は前の男と一緒に暮らしたことがあり、同じベッドで彼と眠りたくなかった。でも賃貸だったので住み替えは難しくなかった。

翌日から家探しを始め、五日目にやっと条件に合う家を見つけ、その日のうちに引っ越し、ベッドも買い替えた。間取りは単純、平凡だったけれど、私はようやく自分の棲み家を見つけ出した気分だった。

こうして二人の生活が始まり、お互いを尊重しあい、どちらも家事は好きではなかったけれど、相手を思えばこそ楽しくやれた。エプロンをして食事を作ってくれる彼を見て、幸せ感一杯だった。夜は私を抱きしめながら私が寝入るまで私の背中をそっとたたいてくれていて、私より先に眠ることはなかった。

朝はやさしいキス、そして私に水を飲ませてくれたあと、朝食の支度をしてくれた。私に接待や招待などがあるとき、仕事に差し障りがない限り、彼にも出てもらい、友だちからの評判も悪くなかった。

別に決めたわけではなかったけれど、私が買い物に行けば、彼はご飯を炊いておいてくれたし、私が肉料理を買って帰ると伝えれば、大好きなお粥を作っておいてくれた。言いたいことがあると何でもメモにして伝えあった。彼のことを想うと、〝愛している〟と壁に張りつけ、彼が新しい環境で寂しさを感じていると思えば、慰めの言葉を張りつけた。彼も私の良いところを見つけると、それを書いて枕元に張りつけていた。それがとても暖かく感じられたし、ロマンチックだった。

相手を信用していたので、携帯電話をこっそり見ることもしなかった。二人とも秘密などなかったので、携帯電話は適当にその辺に置きっぱなし。相手の携帯電話を見ないのは誤解を生まないためにも大事なことだし、成熟した大人として当然のことだった。

私たちは恋愛に挫折した経験から、感情面が少し脆くて、相手のことばかり考える傾向があった。北京に来たばかりの頃、彼がまだ仕事がなかったときは、私はなるべく家にいて彼が孤独感に襲われないようにした。

しかし、美しい景色でもずっと見ていれば飽きるように、いつも一緒にいたら摩擦が生まれる。そうならないように、「どんなことがあっても愛し合う」という言葉を、使うノートの最初のページに必ず書きつけておくようにした。これは良い方法で、ささいな口論をするたびにすぐに思い出し、〝君の方が正しくても間違っていても、口げんかして十分以内にぼくから謝るからね〟と彼が言うたびに私も笑ってしまっていた。

愛を忘れるなどありえなかったけれど、一つのことが二人の心をかき乱し始めた。愛し合う者同士でも、すれ違いが多くなると、寂しさから誘惑に負けてしまうこともあり得るし、一方、毎日ずっと一緒にいるとなると、必ず飽きてきてしまうもので、これは夫婦というものの解決できない矛盾で、私たちも同じだった。

深く愛し合い、そのときの想いが、味気ない同居生活で色あせてしまうのがいやだったので、あるとき彼に、しばらくしたら別れて住み、昼間はそれぞれの仕事をして、夜は隔週ごとにそれぞれの家に「お客」として行くことにしないかと持ちかけた。最初、彼は驚いていたけれど、君の家は生活の場、僕の家は仕事場にすれば、それぞれ自分の仕事ができるし、事業も始められると言った。二人の愛の甘美さを長く保ち続けたいがために考え出したこうしたやり方がいいかどうかはわからなかったのだけれど。

とにかく試してみようという気持ちからだったし、一、二年して気持ちが落ち着いてから結婚すれば、淡々とした暮らしができるだろうとも考えていた。そうなれば彼が外で働き、私は家で夫や子どもの面倒をみて、時には株をやったりできるだろうと考えていた。

四

でも、いざ実行に移すとなると、辛さが襲ってきた。彼にも何度となく言ったけれど、彼も踏ん切りがつかないようだった。

ある晩、無性に煩わしくなって、彼に引っ越し先を探さないなら私が出ていくからと言ってしまった。毎日顔をつきあわせ、自分の空間がないことにうんざりしているのに、彼は別居を嫌がり、喧嘩をするようになった。

大ゲンカにまではならなかったけれど、胸に溜まった怒りはささいなことでも気にくわなくなっていった。彼が作ったご飯の水加減が多すぎてお粥みたいだ、炒めものが口に合わない、燕の巣を買ってきて、ホテルの料理よりまずい、などとぶつけて、わざと向こうに押しやって食べなかったりもした。

それからは彼がよく陰で泣いていたり、眠れなくなるようになり、白髪が増えたことに気がついた。別居計画が実現しないままに私は妊娠した。彼は大喜びで、すぐに結婚の手続きをしようと言ったけれど、私にはためらいがあった。一つは二人が北京での足場を固めていなかったこと、一つは私の交際範囲が広がり、地位のある人との人脈もでき、事業を起こそうと思っていた矢先で、結婚したらすべてが失われてしまうと思ったからだった。

彼は子どもは二人の愛の結晶だととても欲しがり、私に絶対中絶しないでと言った。でもそのときの私には子どもの存在は都合が悪かった。二人の隔たりは大きく、ここでもまた言い争いになった。私の性格から自分の考えを貫き、密かに病院へ行って子どもを堕ろした。それを知った彼は私をベッドに寝かせると、トイレに駆け込んでしばらく泣いていた。それでも八日間、私をいたわり、家事をこなし食事の世話もしてくれた。

五

九日目、彼は海口に戻ると言った。口では気晴らしだと言いながら、実は幾日か離れて暮らしてみて、問題なければ別れるつもりだったらしい。彼を空港まで見送ったけれど、いざいなくなってしまうと、彼のことが恋しくてたまらなくなった。その夜は寝つけず、後悔し始めていた。彼を傷つけてしまった、わがまま過ぎた、愛や結婚についてあまりにも感情的過ぎた、と。彼との日々をもっと大事にすればよかったとひとしきり泣いた。彼が北京に戻ったら、もっと彼のことを考えて、傷つけまいとも思った。

でも後悔先に立たず。彼は海口に戻ると友だちと飲みに出てしまい、電話は切ってしまっていて、一晩中連絡がつかなかった。翌日、連絡はついたけれど、北京には戻りたくないと言った。その後、電話の回数も減っていった。海口の家は処分してしまったので住むところもなく、ホテルや友達の家を転々としていたようだ。彼の気持ちを思うと心が痛んだ。私は自分を責め、やりきれない思いでいっぱいだった。「人生が、いつも初めて会ったときのようだったら……」という詩の一節のとおりだった。

もしもやり直せるなら、朴訥誠実な彼をもっともっと大切にして、平穏で足をしっかり地に着けた結婚生活を送りたい。確実な平穏こそ偽りのないものなのかもしれない。

私が北《ここ》まで来た理由

取材場所：北京海淀区某喫茶店
取材相手：劉月《リュウユエ》
年　　齢：二十八歳
略　　歴：不動産会社オフィス主任。大学卒。四川省出身。会社で人事部、総務部、事務室長を務める。容姿端麗。

北京の学校を卒業した人は、だいたい北京でそのまま就職したがるけれど、私の学友は深圳の羅湖《ルオフー》にある外資企業で順風満帆の仕事ぶりで、周りから羨ましがられていた。私もこの都市がなぜ「黄金の大地」で「成功の宝庫」なのか自分の目で確かめたくなった。

学友は深圳で三年、最初は事務職員、今や社長補佐で、出かけるときはいつも運転手付きの車。ノートパソコンを手放さず、流行の最先端の物を身につけて、颯爽と行動する姿は、まさに小鳥から鳳凰への変身ぶりだった。それだけに私の憧れの的だった。

学友は私を福田区《フーティエン》にある大手の不動産会社に紹介してくれて、人事部で働くことになった。仕事内容は一定していなかったけれど、さほど大変ではなく、深圳のようなテンポの速い都市にしてはのどかで気に入り、就職したての頃は大きな野心などもなかった。

勤め始めて間もなく、私はよく食事に誘われるようになった。会社の男性社員だったり、外でたまたま知り合った人だったり。なかには私の引き出しにこっそりメモを挟んでお茶に誘う人もいた。二十二歳だった私は、実はまだ恋愛の河に身を投じる気などさらさらなく、多くの誘いも無視していたし、だいたい興味もなかった。

ところが、私の関心を引く人が現れた。その人はこの会社の上海本社の取締役の弟で、名字を欧陽《オウヤン》といった。欧陽はこちらの支社長ではなかった。まだ若いからか、ほかに理由があるのか、計画部の責任者だった。当時彼は二十七歳、男としてはまだひよっこの部類で、そのため彼は独身だと思っていたし、事実、つき合っている女性もいなかった。

欧陽は容姿はともかく体格だけは立派で、身長一八〇センチ、体重も九〇キロ近くあった。別れたから言うのではないけれど、カッコいいとはお世辞にも言えなかった。腹は妊娠十か月の妊婦よりも出ており、臍はタバコを差し込むと半分隠れるほど深く凹んでいた。男でも女でも、太鼓腹は美とは程遠く、私は彼のその腹を見るたびにげんなりだった。

彼を好きになったのには虚栄心がなかったと言えば、嘘になるだろう。

欧陽は他の男性のように頻繁に食事に誘うことはなかったけれど、よく勤務中に私のオフィスに寄って雑談をしていった。同じ部署の女性同僚二人も彼とのおしゃべりが嫌いではなかったようで、支社長の小言など気にもかけなかった。

最初のころ、彼が取締役の弟だとは知らなかったので、なぜ誰もが彼にこれほど愛想良く接するのだろう、と不思議に思ったものだった。それに彼自身も変わっていて、その辺からイスを持ってくると長いこと腰を落ち着けてしまうし、壁に「禁煙」の張り紙があっても、いつでもタバコを吸っていた。支社長でもない彼を社員たちはなんだか恐れているようだった。

その後、彼が私とよく雑談するからか、同僚たちはそれとなく彼が私に気があると言い始めた。そのうち彼が忙しくて雑談に来ないと、私はなんだか落ち着かなくなり、彼を待ちわびるようになり、いつしか二人は親しくなっていった。

その年の十月、深圳はまだ暑く、社員寮の私の部屋にはエアコンがなかった。入社したばかりで経済的に余裕がなく自分ではエアコンが買えなかったからで、私は仕事が終わってもエアコンのあるオフィスによく残っていた。

私が所属していた人事部は輪番で朝晩の解錠と施錠の当番があって、ある晩、私が残っていて、そろそろ施錠をしようとしたとき、突然、デスクの電話が鳴った。「蒸し暑いから、ビーチに泳ぎに行かない？」欧陽からだった。彼はその日は私が当番だというのを摑んでいて、掛けてきたのだった。私は考える前に承知していた。

欧陽がすでに車で会社のビルの下で待っていると聞いて、私はちょっとびっくりした。この自信は何？　私が一緒に行くってわかってたとでも？　なぜそんなに自信があったのかと聞くと、「君のこと、わかっているから自信があるのさ」これを聞いて、私は初めて男というものに胸のときめきを感じた。

私たちは小梅沙《シャオメイシャ》ビーチに行った。紺碧の海水、遮るもののない水平線、清々しく潮の香を帯びた空気、さわやかな風が心地良かった。私には初めての海だった。四川生まれの私は、大学時代は北京、就職してからは深圳以外どこにも行ったことがなかった。海は私の中ではただの概念、ぼんやりした概念でしかなかった。このとき初めて海に入った私は、まるで夢のようだと本当に興奮した。

一人の男性からビキニ姿を見られるのは初めてで、恥ずかしかった。でも欧陽は女性については慣れているらしく、私をじっと見るようなことはせず、おかげで私も自然にふるまえた。私は泳げたけれど、海は初めてで、欧陽が買ってくれた浮き輪がなかったら、やはり怖かったと思う。泳ぎの得意な欧陽は、大きな腹を突出し、滑稽なでっぷりしたなりで私を遠くにまで連れ出した。彼の姿はペンギンそっくり、私は笑いたくなった。そのとき私は、彼を醜いとは思わず、かえって少し可愛いと思った。

海では波が押し寄せるたびに私は緊張し「もし浮き輪の空気が突然抜けてしまったら、デブの彼じゃ私を助けられないだろうし、サメの餌食?」としきりに思い、私は冗談めかして「もし今、サメが襲ってきたら、私を助けてくれる、それとも我先に逃げる?」と訊いた。「相手は獰猛なサメだよ、助けられっこないだろう」私はムッとなって言った。「どうして?」

すると欧陽がユーモアたっぷりに言った。「本当にサメに襲われたら、まず奴のパックリ開いた大きな口に突進してから、足で君の浮き輪を砂浜まで蹴っていく。奴は僕を食べるから、君は大丈夫さ。

ヤツは腹がパンパンになるから、君のことなんか見向きもしないさ」

冗談とはわかっていたけれど、私はそのとき、とても幸せな気持ちだった。もし浮き輪をつけていなければ、彼をギュッと抱きしめただろう。

二時間ほど泳いだり砂浜で過ごしたあと、ビーチハウスを借りた。私は「ビーチハウス」などという粋なものがあるのを初めて知り、新鮮な驚きを覚えた。それは大きくなかったけれど、エアコンが付いていて、ガラス窓の向こうの海や泳いでいる男女の姿を見ることができた。でも向こう側からは私たちが見えないので、合法的な盗み見をしている感覚で、悪い感じはしなかった。

この夜、私は熱に浮かされたようにビーチハウスに籠って彼とおしゃべりをした。話しているうちに、彼は私を抱き寄せ、想いを募らせてきていた。何度か彼からのキスを拒んでいたけれど、私はいつしか彼の腕の中で力が抜けていた。

最後の一線は、ほとんど彼の強行突破だった。痛みが走り、全身がこわばって震えが止まらなかった。

私の初体験だっただけに、忘れがたいものとなった。そのあと私は彼の胸に突っ伏して啜り泣いた。「本当に私を愛してるの？」私の鼻をつまんだ彼が「バカだなぁ、愛してないでこんなことしたら、僕は豚野郎と思われてしまうさ」「豚野郎だわ」

それから一か月余りのち、彼が借りた福田中心区のマンションで一緒に暮らすようになった。多くの人が私を羨ましがり、鄭重に接するようになって、まるで私が取締役夫人にでもなったようだった。支社長までもが私に気を使っていた。何もかもが私にそれなりの満足感を与えてくれた。

女性にはみな虚栄心がある。未来はバラ色に輝き、リッチなマダムになって、別荘に住み、子どもは二人、お手伝いさんがいて、いつもベンツで職場に通う、そんな自分を夢見ていた。

五か月ほど過ぎたある日、私は妊娠に気づいた。初めての妊娠で不安が募り、何を食べても吐き気がし、何も見ても気に入らなくなっていた。彼はあいにく上海へ出張中で、妊娠の知らせを聞いたら彼がうろたえるのではと心配になり、彼に言えないまま、部屋に閉じこもって泣いてばかりいた。

数日後、仕事上の必要から彼のデスクに資料を探しに行ったとき、思いがけず一通の手紙を見つけた。手紙は古い書類の束に挟まれて引き出しに入れてあった。どうやら古いもので、一年ほど前のものらしかった。封筒の表書きは華奢な字だった。女独特の勘から、それが女でなければ子どもが書いたものだと思った。罪の意識を覚えたけれど、初めて他人の手紙を盗み読みした。手紙を開くや、彼が「パパ」と呼びかけられているではないか。内容は簡単で一行だけ、筆跡は非常にたどたどしく、誤字も二か所、おそらく三、四歳の子どもが書いたものだ。にわかには信じられなくて、何度も封筒を見返したが、間違いなく彼の名前が書かれていた。突然、私は耳鳴りに襲われ、その日、一日が一か月にも思え、仕事も上の空だった。

今回の出張では、今までと違って彼は何の連絡もよこさなかった。半月になるのに上海に到着した日に一度電話を寄こし、それっきりなしのつぶてだった。私が我慢できずに電話をすると、会議中でとても忙しいので、帰ったら何日か遊びに行くからと言われた。彼の兄にも電話をしてみたけれど、秘書から用向きを伝えるからと言われ、欧陽の恋人だとも言えなくて、結局、彼の兄とも話はできなかった。

その時は私にはまだ一縷の望みがあり、これは何かの間違いだと思っていた。だって彼は二十七で、顔にはまだあどけなさが浮かぶこともあって、あんなに大きな体格でなければ、弟みたいに感じることもあったぐらいだから。いくらなんでも「パパ」だなんて。それに会社でも彼が結婚していて、そのうえ子どもがいるなんて話は聞いたことがなかった。

気を揉みながら半月が過ぎて、やっと彼が帰って来て、上海にいたのは数日だけであとは山東の実家へ妻子に会いに行っていたことを知ったのだった。

彼は何事もなかったように、嬉しそうに私をパーティーに誘った。私が断ると、そばに来てキスをして「どうしたの？」と訊いた。私は言葉より先に涙が溢れてきた。「誰がいじめたんだい、言ってごらんよ、そいつを痛い目に合わせてやるから」

私は例の手紙を見せた。彼は最初ちょっとぎこちなく気まずそうだったが、すぐ平静に戻った。そのとき私は心底「これは何かの間違いだよ」と彼が言ってくれて、垂れ込めていた雲間から陽が射すように二人で大笑いし、キスして、セックスするのを願っていた。でも、彼はそうしなかった。彼の態度は年に似合わず、落ち着き払っていた。「知られたんだったら、本当のことを話すよ」私はとたんに涙が溢れ出し、打ちひしがれて泣き続けた。

しばらくして彼が言った。「君は学校を出たばかりだから分からないかもしれないが、今の人はみなこうだよ。妻というのは何年かすると親兄弟と一緒になってしまい、一緒に暮らす恋人こそが愛しい人なんだ。君は僕が心底愛してるって知ってるし、君だって僕を心から愛してる、それで十分じゃないか。愛に他人の証明が必要とでも言うのかい？　愛に大切なのは未来で、以前の事など関係ないじゃないか。過ぎたことはもうどうにもならないのだから、二人が考えるのはこれからのことで、それが一番大事だと思うけれどな」

私は彼と議論しなかった。私はまだ二十二。このようにうやむやのまま、人の情婦になどなりたくなかった。その晩、私はホテルに移った。私はベッドに横になったまま、空が白むまで泣き明かした。彼と一緒に過ごした日々を思い出しながら、これまでの事に見切りをつけ、自分の虚栄心が強すぎたことを後悔した。

数日後、私は会社を辞めることにした。退職手続きの際、支社長から辞意表明後、一カ月は働くように求められ、私が同意しなかったことで揉め始め、私の声を聞きつけた欧陽が駆けつけてきた。彼は私を出入り口まで引っ張って来て言った。「こんなことするなよ。ぼくが真剣だってわかってるだろう？ ほかの事はいずれどうにかするよ。結婚は子どものままごとじゃないんだから」

私は彼を押しのけ、完全に無視した。支社長は最終的には私の辞意を認め、サインをした。

私は病院へ行って子どもを堕ろし、一人で引っ越しをした。彼が私を探したかどうかは知らない。もし探したとしても、見つけられなかったと思う。当時の私はまだ携帯電話を持っていなくて、ポケベルのスイッチは切っていたから。私はふと思った。もし今私が死んだら、このアパートの部屋で誰にも気づかれないまま何カ月が過ぎて、死体には蛆が湧くにちがいない。考えてみると、人とは時に実にちっぽけな存在で、その苦痛をわかってくれる人などほとんどいない悲しい存在なのだ、と。

宿ったばかりの小さな生命は突然、消え失せ、あったはずの愛も消えてしまった。心の痛みは肉体の痛みなど比べものにならない。私は虚ろな心のまま、来る日も来る日もベッドに横たわり、飲まず食わず、ただ泣いていた。このまま眠るように死んでしまいたかった。目を覚まし、自分がまだ生きているることを知るたびに、泣きながら自問したものだった。「神さま、どうして私をこのまま死なせてくれないの」と。私は愛のために苦しみ、失った子どものために苦しんでるよりも、自分が依然として生きていることに苦しみ、生きることは死に及ばないと感じていた。

術後の養生が充分でなかったため、婦人科系の病気を誘発し、以来ずっと完治せず、悪化することもあり、病院を替えてみても、検査、そして山のような薬が出るだけで、どこの病院でも治せないようだ。女性は精神的に脆いけれど、肉体的にも脆いものだ。

でも生きるのであれば、働かなければならなかった。私は二か月余り休んでから、働き始めた。そっと静かに日々を送りたかったのに、女一人、しかも多少は見られる女がいくら静かに暮らしたいと思っても無理なようで、しょっちゅう食事やカラオケ、パーティーやピクニックへとお誘いがかかった。でも当時は心理的に落ち込み、暗い雰囲気に包まれていただけに、どんな誘いにも乗ろうとはしなかった。学友たちはこんな私が何かしでかしはしないかと、私を盛んに連れ出したり、飲み屋へ誘ったりした。こうして私は酒とたばこを覚えていった。

この頃、私はまた海南島出身のバツイチ男と知り合った。背が低く、色黒で、真面目そうだった。確かな支えが欲しかった私は、立派な体格で金持ちの男は当てにならず、平凡な男こそ精神的支えとなり、しかも公務員なら真面目だろうと思い、つき合う気になった。ところがこの男は、セックスだけしか考えないうえ、非常にケチで、何度も私に金を無心するありさまで、私は何の未練もなく別れた。

まだこの時点では私が結婚に多少とも憧れを抱いていたというなら、この後に出会った男たちは私から結婚への憧れを徹底的に奪い去り、独身主義への信念を固めさせたといえるだろう。

その後も私は何人かの男と知り合った。失敗の経験から、いつも彼らとは一定の距離を置いていた。彼らは若くても、みな既婚者だった。面白いことに、未婚の若者が私にアプローチしてきても、なぜか私の心は動かなかった。

私は深圳に飽きて、北京に戻った。北京は私が一番よく知る街、わが古巣といったところで、よその土地で仕事に追われていたときは、北京へ戻りたいと思ったものだ。

私は手始めに中堅のインターネット会社で編集業務に就いた。当時、インターネット関連の会社はどこも生き残りをかけて売り込み合戦をしており、連日、今日は広告、明日は宣伝といったふうだった。当時、北京の宣伝活動十件のうち、九件はネット関連会社のものだと言う人がいた。市街の至る所、車のフロントにもバックにも、どこもかしこもローマ字のＵＲＬが氾濫していた。

後から思えば、あの一年余り、何か特別なことをしたわけではないけれど、充実していた。会社には私の世話を焼きたがる若い男が二人いて、彼らはまだ大人になっていないようで、つき合いたいという気持ちにはならなかった。

一昨年、今の不動産会社に移ってオフィス主任となった。

北京でも、私に乙に澄ました雰囲気があるせいか、同じ年回りの男たちは近寄ってこなかった。大胆にアプローチしてくるのは、みな事業で成功し、家庭のある男ばかりで、〝いい男はたいてい他人の夫〟という言葉通りだった。でもこの他人の夫はしばしば外で女性を引っ掛けているというわけ。

この世に金持ちの男で誠実な人間などいるわけがない。

家庭がありながら私を誘う男たちは、つまらない普通の会社員などではないし、教養のない成金、ましてゴロツキなどではない。学歴があり、経験も身分もしっかりして、経済力もあって、相応の地位についている。その彼らが手練手管で私をものにしようとする姿を見ると、本能的な防衛と拒絶意識が生まれてしまう。

感情優先の今の時代、それが本物だと誰がわかるだろうか？　信じられる男がいるとでも？　私は本当に結婚が怖い。私は独り身なら安全だ、独り身なら面倒も起きない、独り身なら穏やかにシンプルな暮らしを送ることができる、とますます思うようになっている。

この数年で私はこの暮らしに慣れてしまい、独り身こそ正常だと思っている。私はまだそれほどの歳ではないし、世間からのプレッシャーも感じない。家族も私がなぜ男とつき合わないのか深く問うこともない。これから年を重ねていくと、プレッシャーも感じるようになるだろう。でもそれは考えないことにしている。大切なのは、今現在をしっかりつかまえて生きることだ。

私は今、経営管理学の修士課程に応募していて、数年で修士号を取るつもりでいる。北京は学問をするには便利だ。望めばいつでも学びたい分野の勉強ができるのは、まさに文化の中心で、全国でもこんな都市はここしかない。私のように、金儲けもあまりうまくなく現状にわりと甘んじて、落ち着いた暮らしを好む女には北京はまあ合っていると思う。

私はこんなに平凡で上昇志向のない人間。時には思う、たくさんの学友が全国各地で猛烈に頑張っているのに自分はまるで小鳥のように、遠くへも、長くも、高くも飛べず、恥ずかしい限りだ、と。

私は金魚

取材場所：北京三里屯のあるバーとレストラン
取材相手：曹小斉《ツァオシャオチー》
年　齢：三十三歳
略　歴：中学校教師、文学修士、東北出身、北京の新聞にコラムを書き送った経験あり。

どこから話したら……思いつくままに話すことにする。

正直言って、女性で独身を望む人などいるのだろうか。結婚した女性たちの恋愛物語はどれも似たようなものだけれど、独身を選択した女性には、辛酸をなめた過去が横たわっているようだ。

小さいころの記憶と言えば、両親のいつ終わるともしれない喧嘩。平穏な日などほとんどなかった。中学に入ると、私は家に帰るのが怖かった。級友の中には親が迎えに来る者や、飛ぶように帰って行く者がいたのに、私は帰宅を考えると恐怖でいっぱいになった。両親の喧嘩の原因は些細なこと。たとえばテレビのチャンネル争い。どちらかが譲ればそれですんだことなのに、いつも大騒ぎになって八代前の先祖まで引っ張り出して罵りあったあげく、テレビを壊してしまったこともあった。こんなとき、私はいつも布団をかぶって泣いていて、宿題をする気にもなれなかった。両親は教養が低く、私の気持ちなどわからなかったし、関心すらなかった。高校生のとき、私の内向的な性格が次第に昂じてきているのが自分でもわかった。そのころ、クラスに跳ね上がりの男女同級生たちがいつもつるんでいて、私は羨ましかったけれど、近づこうとはしなかった。

あるときまた両親が喧嘩をして、家に帰る気になれなくて、私は自分からそのグループに近づいて一緒に遊んだ。彼らはかなりませていて、親たちもわりと裕福だった。放課後、彼らの遊ぶ場所には事欠かなかった。彼らと一緒にいると私は醜いアヒルの子のようだった。

ある時、グループの一人の親が買った家に行った。普段は誰も住んでいなくて、簡単な家具が置かれているだけだった。男の子三人、女の子三人で男女のペアを順繰りに作ってトランプをすることになった。ところが男の子たちは私とペアになりたがらず、われ先にきれいな女の子とペアになろうとした。私は初めて自尊心がかなり傷つけられるのを感じた。

やがてクラスのきれいな女子生徒は男子生徒からちやほやされたり、ラブレターをもらう子もいるのを知ったけれど、私にはそんな相手はいなかった。私は男子生徒を避けるばかりか、憎むようになり、特にハンサムな男子生徒に対してはそうだった。

大学時代、私が家に帰るのは一学期に一、二回だったので、まさか両親も喧嘩はしないと思っていたけれど、人の本性は変わらないようで、相変わらず些細なことで言い争いをし、隣人が仲裁に入ることもあった。

その頃、私は結婚についても考えるようになっていて、いつも不思議だったのが、両親はどんなに喧嘩しても、離婚話を持ち出さないことだった。当時、私は離婚すればよいのにと思っていた。性格が合わないのだから離婚は皆にとってよいことだし、私と兄はもう大人なのだから、離婚しても何の影響もなく、私たちの生活には好都合でさえあったから。それだけに私は結婚は慎重に、用心深く、選択をまちがえると子孫まで苦しませる、と自分に言い聞かせていた。

大学四年のときクラス担任となった先生は三十をだいぶ超えた、風采の上がらない小柄な人で、つきあっている女性もいなかった。同病相哀れむというのか、私は彼と一緒にいることを好むようになったものの、結婚の話をするほどではなかった。ある夜、私は彼の独身寮に行き、おしゃべりしていたら、彼が突然、私を抱きしめ、キスをし、そのままセックスまでするつもりでいることがわかり、私は驚いて泣き出してしまった。寮に逃げ帰ると、映画で見た強姦される女性よりもっと恐ろしくなり、彼のどんな匂いも残すまいと必死にシャワーを浴びた。

その後、大学院を卒業するまで恋愛などしなかったばかりか、男の人に対して反感さえ抱いていた。就職後、親切な友だちがしょっちゅう私にこれはと思う男を紹介してくれた。高等教育を受けてきて、まあ分別ぐらいはつくので、友だちや同僚が仲を取り持ってくれるたびに真面目に会っていた。しかし今どきの男たちは、女の学識や内面、才気などには目もくれず、第一に外見。第二にファストフードでも食べるようなお手軽な無責任関係。第三に利用価値の有無でしか女を見ていなかった。

自分は決して美人ではないけれど、内面と外見を平均すればまあまあだと思っている。でも男は特に優秀でもないくせに、私とつきあうときには決まっておざなりだった。気持ちがあるような振りをし、さすがに教養ある人は礼儀正しく会話もするし、帰りに送ってくれることもある。でも名刺すらくれない人もいるし、口実を設けてさっさと逃げだす人もいた。

三十歳のとき、友だちが商売をしている人を紹介してくれた。その男は大変な家父長主義者で、私が彼のところに行っても、彼が私のところに来ても、必ず私に食事を作らせた。作るのはそれほどたいしたことではないけれど、彼は食事が済むと、椅子に座って足を組んだままタバコを吸って勝手にテレビを見るばかり。手伝うことも「ありがとう」の言葉もなく、私はまるでお手伝いさんだった。最初の頃は彼のために食事を作ることに抵抗はなかったけれど、仕事を大切にしている私にとって、だんだん疲れてきて、彼と一緒にいるときの私は完全に使用人でしかなかったため、さっさと別れた。

去年、三十二歳の手前でようやく修士課程の学生と知り合った。外見は至って普通。経済状況は私よりやや劣るものの、細かいことをとやかく言わない人で、五か月後にキスするようになった。でも私は用心深くなっていて、最後の一線は守り通していた。あるとき、私から結婚話を持ち出した。女にとって三十二歳はもう大年増だったから。思いがけず彼は困ったような顔をして、言葉を濁した。彼が既婚者で私を騙しているのかと思ったけれど、絶対そんなことはないと彼が言い、調べてみて嘘ではなかった。

それならばと「独身でこれだけつき合っていて、なぜ結婚を渋るの?」と訊くと、「君の才能や人柄はすばらしいよ。でも結婚は一生のことだから、慎重にしたいんだ。少し時間をくれないか」

彼の言うことももっともだけれど、女の年齢を理由に相手に結婚を迫ってはいけないの? 私たちは交際を続け、彼はいつも私の肉体を求めた。ただ彼が結婚を決めたとはずっと思えなかったので、一線は越えさせなかった。

あるとき、彼のところで、夢中でキスを始めると、突然私の服を脱がせ、セックスをしようとした。私が思いっきり彼を押し倒したため。腕を壁にひどく打ちつけてしまった。手当てをしようとしたけれど彼は腹を立てて、出て行けと言った。私もわざと彼を無視して、さっさと帰ってしまった。

数カ月後、私は彼がほかの女とつきあっていて、一緒に歩いている様子がなんとなく怪しかったので、我慢できずに「なぜほかの女とつきあっているの」と訊いてしまった。

私がものすごく保守的で、まるで骨董品のようだ。一年近く付き合っているのにまだキス止まりの女性なんかとつきあえない、それが彼の返事だった。

私は信じられなかった。女の貞操は神聖なもので、自分の貞操を守ることが大切なのに。真の愛情がなければ、セックスはしてはいけないし、女は自分の最も大切なものを未来の夫に捧げたいと思うもの。なのに男はどうしてそれがわからないのだろう。男の都合に合わせる女がいい女ではないだろう。私は本当にわからない。永遠にわからないだろう。私は今の社会の考え方とかけ離れているのかもしれない。

それからの日々、私には辛かった。ずっとかすかな望み、いつか彼から電話があるかもしれないと思い続けたものの、それはかなえられない望みだった。電話が鳴るたびに受話器に飛びついたけれど、すべて違っていた。眠れなくなり、ついに自分をかなぐり捨てて彼に電話をかけた。ところが電話から聞こえてきたのは甘えた女の声だった。私は言葉を失い、すぐ切ってしまった。

それからは男性を紹介されても私はいっさい遠まわしに断るようになって、美人でもない女がこの世間で真の愛を得られるなんて、もう信じていない。もし本当に愛されたとしても、それはほんの束の間か不確実なもので、不安にとりつかれるだけ。こんな愛にどんな意味があるというのだろう。信じる人などいないだろうけれど、私は今も……まだ処女。私は決して保守的ではないつもり。ただ平等な愛が欲しいだけ。私を心底愛してくれる人がいないのに、私から身体を差し出すなんてありえない。私はただ真の愛情が欲しいだけなのに、どうしてこんなに手が届かず、永遠の高望みのようになってしまうのだろうか。

経済面でも生活面でも私は自立しているので、独身を通すつもり。男がいなくても生活は送れる。しかも楽しく。

私が楽しく過ごしていないなんて見えないはず。家を持ち、二冊の著書があり、新聞にコラムを書いたこともある。誰かに頼ったこともない。最近は独身者が増えて、変わり者なんて見られることもなくなっている。

友だちが冗談半分に「独身もいいけれど、愛人が見つかれば最高」と言う。実のところ、寂しいとき、愛人を探そうかと思ったこともある。でも愛人は商品ではないし、手に入れてもうまくいかないだろう。縁があってこそのものだから。私にはまったく理解できないけれど、愛人を持ちたいという女性に感心もする。彼女たちの愛人探しはチョコレートを買うのと同じで、ごくあっさり、簡単、気ままにさほど考えることなく、欲しいものを手に入れてしまう。それにしても一人だけの日々は少し単調で沈んでいる。まるで水槽に金魚が一匹だけ泳いでいるようで、何をしてもいつも寂しいものだ。

近年の離婚事情とその後

少し前までの伝統的な中国の家庭は、どこも大家族で、三世代や四世代が同居し、家庭の中で子育てや高齢者の介護を行うことが一般的だった。しかし、社会の発展につれて、特に都市部では核家族化が進み、そうした大家族はほぼ消失しつつある。ここ三十年余り、経済成長とともに中国の家庭の形は大きく変化し、二〇一四年に中国政府が発表した『中国家庭発展報告二〇一四』によれば、一九五〇年代一世帯の平均人数は五・三人だったのに対し、二〇一二年は三・〇二人となり、四割の世帯が独身か、夫婦共働きで子ども作らない世帯（ディンクス）だった（注1）。一世帯の人数が減少し、かつての大家族から急速に核家族へと進んできていることは明らかである。

世帯の小型化と同時に中国では離婚するカップルが急増し、昔、欧米が中国に比べ離婚率が高いことを中国のある学者は、「欧米では愛を結ぶ神様がキューピットという青二才だから、しっかりしておらず、離婚率は高いはずだ。中国の人びとの婚姻は月下老人（縁結びの神）に頼っているから、堅固で信頼できる」と揶揄していたが、今はその月下老人もいたずらし始めたのかもしれない。ドイツの中国語ラジオ放送『ドイチェ・ヴィレ』によると、中国の離婚率は一九七〇年代に二％だったが、九〇年代に一四％、二〇一三年に二七％と急上昇し、これはドイツの三割強の離婚率に追いつく勢いだと報じ、「中国は離婚時代に入った」と警鐘を鳴らした（注2）。他の調査では、北京、上海、広州などの大都市において、離婚率は三〇％代後半に達していると言われている。

中国政府民政部が発表した『二〇一五年社会服務発展統計公報』によると、二〇一五年全国各民政部門が処理した結婚届は千二百二十四万七千件で、前年度に比べて六・三％低くなっている。だが、その中で二五〜二九歳の結婚人口は結婚総人口の三九・四％で、前年度より一・四％増加した。離婚件数は三百八十四万一千件もあり、粗離婚率は二・八‰、前年より〇・一‰増えた。

百合ネットの「二〇一五年中国人婚恋状況調査報告」によると離婚の原因として、主に不倫、性格の不一致、包容力がない、家庭の義務を履行しないなどが挙げられている。他の調査では、離婚の手続きの簡素化も離婚率が高くなった要因の一つと指摘している。以前は夫婦間の愛情が消えて長年経っても、離婚するには政府の干渉があり、裁判所を通さなければならないため、手続きが煩わしくて諦めていた人が多くいたということになる。

また同じ調査報告によれば、離婚の原因は不倫がもっとも多く、半分以上を占めている。不倫は男性に限らず、男女ともに二〇％に達し、ダブル不倫の比率は一〇％にも昇る。男女の婚姻に対する満足度を調べた結果、女性の満足度は男性よりかなり低いことがわかった。専門家の話では、結婚後、女性は子育て、家事、老人介護をしながら、男性と同様に働いて家計を助けなければならず、ストレスが溜まりやすい。子育てについてだけを見ても、二九％の女性が従事しているのに対し、男性はたった二・一％しか携わっていない。

こうしたいくつかの要因から、離婚を切り出すのは妻の方が夫より多い（広東省のデータでは七〇％）ようである。中国婦女連合会の調査によると、離婚家庭の中で、六七％が子どもを持つ家庭である。そのうち、夫側が子どもを引き取るのは六人中一人、一七％しかおらず、母子家庭の比率が高くなっているのが現状である（注3）。

中国婦女連合会の婦女ネットが行った母子家庭についての調査では、七四・四％の母子家庭が一番困っていることとして困窮をあげており、さらにこの中の六五%が経済状況のさらなる悪化に陥っている。貧困化していく母子家庭は社会の貧困集団の主要部分になりつつある。山東省『斉魯晩報』の報道によれば、離婚一年後、女性の生活レベルは離婚前に比べ、七〇%に低下するに対し、男性の方は全く低下せず、むしろ上昇したという(注4)。離婚前から職を持っている女性は、離婚後、家賃や子供の費用などの出費により、生活の質が多少下がるが、専業主婦だった女性は再就職などで苦労を重ね、収入が不安定で、生活の質は一気に下がっていることが明らかとなった。このような生活が困難な母子家庭は、「低保」(都市住民最低生活保障〔都市低保〕か農村住民最低生活保障〔農村低保〕)を申請して受領すること以外、その他の社会保障制度や免除優遇政策をほとんど受けられないのが現状である。ちなみに二〇一五年度において上海市の都市低保は全国最も高い七九〇元で、北京市は七一〇元であった。一般的には、都市部と農村部が併存している市は都市低保が農村低保より高い。天津市を例にとれば、都市部の七〇〇元に対し、農村部は五四〇元となっている(注5)。二〇一五年一人当たりの平均収入は、上海・北京・天津ともに八千元以上もあり(注6)、低保は平均収入の十分の一もないことが分かる。さらに、母子家庭は生活の困窮ばかりではなく、子どもの教育、自分の再婚など様々な問題を抱えており、現代中国の一つの社会問題となっている。

百合ネットの「二〇一五年中国人婚恋状況調査報告」では、婚姻に対する満足度が最も低い時期を調査し、離婚の危機が最も高い時期は結婚後三~五年だとわかった。約二割以上の人が来世は絶対今の結婚相手と一緒にならない、もしくは来世は絶対結婚しないと明言した。しかし、同じ調査では、この時期を乗り越えられるように心構えをしておけば夫婦の感情はまた回復し、一生添い遂げるであろうと楽観視している(注7)。

近年中国人の婚姻観、価値観は時代とともに大きく変化し、離婚や単親家庭が増えているのは、伝統的な家庭観念が破壊され、改革開放以来社会の気風が日々低下した結果という人もいれば、社会が進歩し、人々の自由度が増え、若いカップルの婚姻に対する意識が親の世代と異なり、婚姻の質を追求する人が増えたからだと肯定的な態度を示す専門家もいる。

注

1、http//www.nhfpc.gov.cn 中国国家衛生計画生育委員会・計画生育家庭発展司ホームページ

2、http//news.sina.com.cn/c/2015-2-26 00:34 (参考消息〈徳媒：近三成夫婦离婚 中国進入〝离婚時代〟〉)

3、http//www.sina.com.cn（北京晩報　2010.10.27 17:44 記者張鵬）

4、http//lady.qq.com/a20120516/000060.htm　斉魯晩報

5、http//wapbaike.baidu.com　低保　百度百科

6、http//www.politlcs.people.com.cn　人民網（２０１６年1月29日　８：11光明）

7、http// wapbaike.baidu.com　2015年中国人婚恋状況調査報告　百度百科

（T・ナブチ）

一文字が不倫の始まり

取材場所：北京市朝陽区の喫茶店、ＱＱによる連絡
取材相手：柳青青《リウチンチン》
年　齢：二十九歳
略　歴：湖北省出身、短大卒。北京で新聞社勤めの後フリーター。スタイル良好。

もしも彼に出会わなければ、私はとっくに結婚し、子連れであちこちショッピングを楽しんでいたかもしれない。

私は短大を卒業するとすぐ上京し、はじめは社長秘書をして、そのあと新聞社に転職して五、六年ほど編集部で働いていた。彼は政府機関の人で、ある部署のトップだった。エッセイや雑文を書くのが好きで、よく新聞の文芸欄に投稿していた。私はその文芸欄の校正係をしているときに、彼と知り合った。きっと神様が取り持ってくれたのだと思う。

彼は自分の文章にこだわりがあり、よく自分から新聞社に出向いて初校を直したり、ときには大幅に手を加えることもあった。普通なら嫌がられるのに彼の肩書きがものをいい、編集者は丁寧に対応していた。彼の方もよくみんなに御馳走してくれた。校正係だった私は、おのずと彼とのやり取りをする機会が多くなった。

彼は背が高く、イケメンで、仕事のできる男だったけれど、そのときすでに四十を過ぎていた。私はまだ二十五にもなっていなかったので彼とのその後なんて、思ってもみなかったし、私には恋人もいた。恋人は同い年でやはり北京で働いていて、出張が多かったので私は一人でいることが多かった。

あるとき、「陰」と「蔭」をめぐってひと悶着あった。初校の「林陰道」という言葉を見て、私は「林蔭道」の間違いではないかと思い、彼の原稿を調べたらやはりそうだった。編集者が「陰」に直し、上の許可も出ていたが、私は躊躇なく「陰」を「蔭」に修正した。キツツキのように目の付け所が鋭いと、褒められるかもしれないとさえ思っていた。ところが翌日、副編集長に呼ばれ、『現代漢語詞典』をよく見たのかと、褒められるどころか勝手に直すなと、こっぴどく叱られてしまった。確かに辞書には「林陰道」とある。私は釈然としなかった。それにしても漢字は時として理屈に合わない使い方をするものだ。

どこから聞いたのか、その日の昼ごろ、当の「お役人」から電話がかかってきて「辞書は結局人間が作るものだから間違いもある。僕は君が正しいと思う。でも実際はどちらも使うんだよ」と言った。彼の話し方は理路整然としているだけでなく、相手への配慮も感じられ、私には思いやりのある兄のように思えた。彼は、悔しい思いさせたお詫びだと食事に誘ってくれた。その食事はとても楽しかった。

彼のことを「局長さん」と呼んだら、呼ぶなら「兄さん」か、名前で呼んでほしいと言われた。どちらもピンとこないので、呼びかけるときは「ねえ」で済ませていた。

その後、私たちはよく連絡を取るようになり、彼もたくさん書くようになった。新聞社に来る時間がないときは、私がファックスでゲラを送ったり受け取ったりして、手数をかけたとよく食事に誘ってくれた。女というものは仕事のできる男に惹かれるものだ。私はいつしか彼に好意を抱くようになり、電話がかかってこないと不安になったり、心配したりした。不思議なもので、仕事の後も彼からの電話を待っていると、それがわかっていたかのように電話がかかってきた。きっと心がつながっていたのだと思う。

私たちが親しくなって数か月が経っても、彼は軽率な行動に出ることはなく、尊敬し、信頼できる兄のような存在だった。その年の夏は雨がよく降り、寮にいると体にカビが生えてきそうなほどだった。そんなときに彼からドライブに誘われ、雨の日にドライブなんてと思ったけれど、彼は四輪駆動車で寮まで迎えに来てくれた。車の中ではおしゃべりをしたり音楽を聴いたりした。二、三時間走ったころ、山道で車が揺れるので、ちょっと止まって一休みし、降り込められた車中で音楽を聞きはじめた。古い歌が流れてきた。「あなたの唇はあんなに熱く、あなたのキスはあんなに甘い……」彼は私をからかって、「大人のキスを、君はまだ知らないだろうね」と言った。普段の彼はこんな大胆な事は言わない。私の想いを知っていたからだろう、真面目な彼も激情を露わにした。雨で外は見えなかった。私はいつの間にか彼とキスをしていた。味わったことのないほど情熱的で抗しがたいキスだった。そして私たちは、後部座席に移って最後の一線を越えた。自分を忘れ、狂おしいほどの心の高ぶり、あんな気持ちは初めてだった。

　いったん殻が破れてしまえば、あとは流れに身を任せるだけ。彼は当然のように会社帰りに私の寮に寄り夜中まで過ごすようになった。奥さんとはセックスレスだと言ったのは嘘ではないと思う。奥さんに電話をするのを見たこともないし、奥さんから電話がかかってきたこともなかった。大学を卒業した翌年、親に言われるまま親の決めた相手と結婚したそうだ。

　私たちは体の相性がとても良く、私はどんどん彼にのめり込んでいった。彼よりいい相手などいそうになかった。恋人とはすぐに別れ、二人の関係はしだいに周囲に知られるようになった。私は彼の恋人、彼の愛人になるのを心から望んだ。彼の腕に抱かれる一羽の小鳥でいることに、何の不満もなかった。

　彼には子どもが二人いた。上の男の子は知的障碍があり、下は女の子で離婚は子どもに悪影響を及ぼすからできないと言った。文章を書くようになったのも、不幸な結婚のせいで孤独を好むようになったからだという。そんな彼の辛さを、私も少しずつ理解できるようになった。彼はその後、私に一LDKの部屋を買ってくれた。狭いけれど立地が良く、職場からも近かった。いつも一緒にいることが多かったけれど、同棲ではなかったし、彼が泊まることもない。

　女としての幸せは全部手に入れた。愛、性、仕事、貯金、ダブルベッドのある家。本当の愛さえあれば婚姻届けなど関係ない。私は彼のために、独身のまま、陰の女でいようと思い始めている。これはお互い納得していることで、どちらが傷ついているわけでもない。理解しあい、愛情が続きさえすれば、それでいいと思っている。愛してくれる人のいる独身の女、なかなかのものだ。私たちの恋愛はロマンチック、且つ滑稽かもしれない。だってひとつの草かんむりが私たちを近づけてくれたのだから。

私たちは娘が欲しいと思っている。男の愛を試すことなど簡単だ。妊娠がわかったときに、産むのを望んでくれるかどうかを見ればいい。中絶しろと言ったらその愛は偽物だ。彼は私と同様、女の子をほしがっている。来年の今頃は母親になっているだろう。結婚なんて面倒なことをせず、娘を育てながらシンプルな暮らしをしたいものだ。

私は上質な生活が好きだ。一時期「上質な生活」に関する本が売れたけれど、私はその本の熱心な読者だった。上質というのは、シンプルで優雅、かつ実用的なことだ。見栄っ張りでうわべだけのプチブルとは違う。

私のような愛の形を選ぶ女は増えているけれど、公にするのは珍しいと思う。私を罵倒する人もいるだろう、でも理解してくれる人の方が増えるだろうと信じている。伝統的な教育の影響で私を理解できないということもわかっている。ただ、最も軽蔑するのは、人前では批判しながら、陰で不倫をしているような人だ。

北京のカリスマエステティシャン

取材場所：北京市海淀区中関村マクドナルド店
取材相手：鄧娜《ドンナ》
年　齢：二十九歳
略　歴：北京の某美容学校教師、四川省出身、細身、艾敬《アイチン》に酷似。かつて石家荘《シージアチュワン》で生活。

私の実家は重慶近くの田舎町。そのため私は一日も早く都会に出て、重慶人になるのを夢見ていた。高校卒業後、私は診療所に勤めたけれど、粗末で違法診療所みたいなところだったし、給料も非常に安かった。翌年、遠縁の者が縁談話を持ってきて、小さな工事請負業の親方を紹介してくれた。彼は当時、もう街なかにマンションを持っていた。学歴は中卒と低く野暮ったい感じの男だった。でも金持ちなので誰もが羨ましがり、ちょっとした憧れの的だった。今思えば、実に滑稽で情けない話だ。金持ちといっても、三、四万元の貯金とマンションの部屋を持っているにすぎなかったのだから。でもそのときの彼は、まるでベンチャー企業で成功した英雄のようだった。おそらく女性なら誰もが持つ欠点だと思うけれど、私にも見栄っ張りなところがある。私は回りから羨ましがられて、よく考えもせずに彼と結婚してしまった。

私はそれまで恋愛をしたことがなかった。よく初恋は一杯の酒、一杯の茶、一杯のコーヒーとか、初恋は何もかもがうっとりするほど美しいと言われる。でも私は少しもそんな気はしなかった。私の初恋はまるで凧のようだった。自分は糸を握れず、仲人の手に引かれるまま、風の吹くままに飛ばされていった。

当時彼は三十二歳。まだ中年とは言えないのに、すでに義歯が五本もあり、それに口臭がひどく、衛生には厳しい看護師をしていたせいか、離婚するまでただの一度も彼とキスをしなかった。

私は結婚後も働き続けた。彼は人夫を連れて広東の方に出稼ぎに行くと、半年は帰って来なかった。当時の私は今より痩せていて田舎臭く、セックスする機会はあまりなかった。その後、広東から戻ってきた人夫たちがわざと私に「親方があっちで女を買っていたよ」と耳打ちした。根も葉もない噂など、私は気にも留めなかった。

一年後、娘が生まれた。娘が生まれたころから、彼は仕事が無くなった。話によると、元請けの親方を怒らせてブラックリストに載ってしまい、仕事を回す人がいなくなってしまったのだそうだ。こうしてわずかな貯金に頼って暮らす日々が始まった。子どもを産んでから私は少しふくよかになり、仕事も頑張って続け、大人としての魅力が以前より出てきたようだった。一方の彼は、ますます下品になり、多くの人が彼とは釣り合わないと言うようになった。そう言われても伝統的な夫婦観を持っていた私は彼を夫として立てた。良妻がいて、可愛い娘もいて、おまけに妻は働いて生計を立てているなら、夫たる者満足するのが道理。それなのに、こんな田舎の野暮天が外で女を漁るとは思いもよらなかった。

ある時期、彼は同郷の仲間とマージャンをすると言って帰ってこないことがよくあった。この辺りの男たちは、一晩中マージャンに興じて家を空けることは珍しくないので、疑いもしなかった。ところが彼が私にことあるごとに「痩せすぎだ」「ガリガリだ」と文句を言うようになった。私はそんなに痩せていないのに、なぜガリガリだと言うのか、いつも不思議だった。あとになって、彼が外で豚のような肥った女に貢いでいる話をマージャン仲間から聞いて、ピンときた。「痩せすぎ」と難癖つけるのは、比べる相手がいるからだと。噂は間違いないと私は確信した。

私が彼を尾行すると、確かに空き家で仲間たちとマージャンをしていたけれど、肥った女が背後から彼の首に甘えるように手をまわしていた。私は怒鳴り散らしたり、泣き喚いたりはしなかった。愛してなどいなかったから。それでも侮辱されたと思った。

ある日、情報をくれた彼のマージャン仲間が私の所にやってくると、口説き始めた。君が好きだ、一緒になりたい、こんなに美人なのにあいつは君を蔑ろにして、顔向けできないことをしている、こんなの我慢すべきじゃない、大切にするよ……。私は糞味噌に罵って家から叩き出した。なんて奴だ、「友達の妻には手を出すな」という道理もわからないなんて。こういう男の方がもっと下劣だ。

一か月余りのち、私たちは離婚した。娘も彼の元に残し、すべてを捨てて。娘のことは愛していたけれど、私はどうしてもここから遠くに出て行きたかった。同郷の人と一緒に石家荘に出た私は、美容学校でエステの勉強をし、エステティシャンになって、あっという間に二年が過ぎた。

前夫の浮気を知ってからというもの、私は男を信じられなくなり、いつも密かに疑っていた。そして、私の疑いが正しいことを事実が証明してくれた。金のある男は信用できない。人の欲とはきりないもので、金があればどんなこともしでかす。女をつかまえるなんて朝飯前だ。恰好いい男もまた信用できない。その男に自制心があっても、彼を落とそうと狙う女は数知れない。特に誰からも愛されていない女は、恰好いい男を好みがちだからなおさら。それなら、金も無く不細工な男は信用できるかというと、やはり同じ穴のムジナだ。家畜のように閉じ込めておかない限り、チャンスがあれば浮気に走る。一体どんな男なら信用できるというのか。友だちの妻に手を出すような男はもっと虫酸が走る。世の中に良い男なんて一人もいない。

真面目な男もいるなんて言わないでほしい。ただ浮気のチャンスがないだけ。私はエステサロンで働いた二年間に、男たちの本当の顔を思い知った。真面目な男も、がさつな男も、人目を盗んで触ってくる男も、気のある振りをして電話番号を聞いてくる男も、目的は同じ。魚を釣るように女を引っ掛けたいだけなのだ。この世の中、男は釣人、女は魚。問題は釣った後。真面目に暮らそうとする男など、どこにいるというのか。

今どきの男はみな一つや二つ携帯電話を持ち、いくつもの電話番号を持っている。とっかえひっかえ、何のために使うのか分かったものじゃない。仕事のためとか言っているけれど首相より忙しいわけがない。

もちろん、男だけが悪いとは言えない。確かに女の中にも性悪で尻軽な女がいるにはいるけれど、男ほど多くはない。エステサロンのメンズフロアーにも、わずかなチップのために男に甘え、媚を売り、サロンの評判を下げる女たちがいる。それでも悪いのは男の方だ。男がみんな教え込んだことだから。

男と女の本質を見極められる場所はエステサロンのようなリラックスできる施設ではないかと思っている。街なかや公的な場所では、人はみな仮面をつけて真面目を装っているので、こういう施設では照魔鏡のように化けの皮を剝がしてしまうからだ。

男の本性が見えると、独身を選択するのはますます正しいと思うようになった。私には精神的にか、肉体的に問題があるのでは、と疑う人もいるけれど、それは大間違い。独り暮らしにはすっかり慣れたし、快適に暮らしている。独り身の最大のよさは自由なこと。人は自由になれば、鳥のように飛びたいときに飛び、鳴きたいときに鳴ける。トイレに行くときだってドアを閉める必要はないし、流したあとに中蓋を上げる必要もない。

ある詩にこうある。「命は確かに貴重だが、愛情はさらに尊い。しかし自由のためなら、二つとも捨てられる」と。この「自由」を味わわなくては。

私の今いちばんの望みは、二、三年後に美容学校を開設し、地元にも分校を開くこと。「故郷に錦を飾る」という昔ながらの道徳の影響なのか、成功したら地元に何か貢献したいと思うのは自然な虚栄心ではないだろうか。汕頭《シャントウ》に大学を寄付した香港一の大富豪李嘉誠《リージアチョン》の例もあるし。地元に分校を開いたら、帰ったついでに娘を北京に連れて来て、北京で教育を受けさせて、私の事業と財産を受け継いでほしいと思っている。

女は子どもを産む機械だなんて！

取材場所：上海浦東《プートン》のカフェ、およびMSN
取材相手：潘艶梅《パンイエンメイ》
年　齢：三十歳
略　歴：会社員、浙江省出身、蘇州で株取り引きをし、上海に出る。

私の本籍は浙江省。でも生まれも育ちも湖南省なので、みんなは私のことを典型的な湖南の女だ、グラマーでスタイルがいいと褒める。ところがそれが仇となって罠にはまってしまい、私が今でも独身なのはそのせいかもしれない。

専門学校卒業後は湖南省の株洲《ジューチョウ》で一年間働いた。コネに頼り、お金も積み、ようやく公的機関の臨時職員になったのに、仕事は文字の打ち込みや書類の整理ばかりで、ヒマで味気ない一年だった。発展が速いと聞き、夢を抱いて蘇州に出た。北京や上海は才能あふれる人ばかりだろうから行く気

はしなかった。上海の大通りで人に声をかければ、十人中九人は大学院出だと聞き、しり込みしてしまった

蘇州に知り合いはいなかった。何度も職業紹介所に通ったけれど、連絡はもらえなかった。その後、切手で儲けている人を見て、切手コレクターの集まりで知り合った数人で切手の投機を始めた。仲間には男も女もいて人間関係はうまくいっていたけれど、しつこくつき纏ってくる男が一人いた。

私はその男のことを好きではなかったのに、ほかに優しくしてくれる男もいなくてつき合い始めた。私は二十三歳、彼は三十八歳で妻子がいた。毎日のように私の部屋に来て食事に連れ出したり、材料を買っていっしょに食事を作ったりした。数百元の家賃も払ってくれた。やがて情が湧いてきたけれど、それは愛情とは違っていた。私はもう処女ではなかったし、彼とも何度か関係を持った。

高校時代、初めてつき合ったのは政府機関の運転手だった。いつも車で私を迎えに来てくれたし、スーツなど着ていたからてっきり地位のある人かと思っていた。でも仕事については何も話そうとしなかった。高三の冬休みに長沙へ連れて行ってもらったとき、ホテルで初めて関係をもった。いったん関係ができると拒めなくなり、いつも夜、外で会うようになった。運転手だと知ったときは思いきり罵倒してやった。職業にではなく、彼の虚栄心を軽蔑したから。

切手で儲けるのは難しく、食べるのがやっとだった。でも蘇州で食べていくことだけが目的ではなかった。

ある日、切手の取引場で一人の台湾人に出会った。彼がそこに来たのは初めてで、品定めするように私を見ていたけれど、相手にしなかった。そのうちに彼のほうから話しかけてきて「誤解しないで、

怪しい者ではないから。上海で投資をしている台湾人で、旅行に来ているんだ。君があんまり素敵なんで、声をかけてみたんだ」それから名刺を出して「上海で働く気があるならぼくがなんとかするよ、連絡して。騙してなんかいないから、まずは会社を見に来たら」と言った。

彼の誠実そうな話しぶりに私は信用した。電話番号を教えてと言われたけれど、その頃の私はポケベルさえ買えなかった。どうやって連絡を取ればいいのか彼が聞くので、気が向いたらこちらから連絡すると答えた。社交儀礼のつもりだったので、まさか自分が本当に電話するとは思いもしなかった。

そのころ、蘇州の妻子持ちの男は毎日私に会いに来て、なかなか帰ろうとしなかった。私の方は気持ちが醒めていたから、本当にうっとうしかった。これからの事を考えると暗澹となり、上海への思いが日に日に募っていった。とうとう私は台湾人の社長に、上海に行きたいと電話で伝えた。話はすぐにまとまり、蘇州男がいない隙に荷物をまとめて上海に向かった。

台湾人の社長は自分の車で迎えに来てくれたうえ、豪華な四つ星ホテルを手配してくれた。そのうえ自分の会社に入社してもいいと言った。それまで住んでいた部屋よりもずっと綺麗だったので、自分が出稼ぎ農民になったような気分だった。彼に何らかの意図があるのはわかっていたけれど、私のことを想ってくれるのなら受け入れよう、それしか道はないのだと心に決めた。

私には学歴も職歴もなかったので、三日後に彼の会社の電話受付係となった。私のような社員は本来、寮の四人部屋に住むことになっていたのに、一泊数百元もするホテルにそのまま住まわせてくれた。嬉しかったけれど、どうせならそのお金をくれればいいのにと思ったものだ。

社長の性格は本当に不思議で、私と友だちになってくれるだけでいいと言った。いやなら寮に移ってそのまま働いてもらっていい、友だちになってくれるなら、マンションの部屋を借りてやろう、と。彼は考えてほしいと何度も言った。

　私は十六日間考えた。ホテルは帰って寝るだけ。数百元も浪費するのはもったいないと思っていた。彼との関係は会社には秘密だった。彼は四十八歳、知られたら妙な噂がたってしまう。ある晩、彼に電話をすると、急がないからゆっくり考えるといい、仕事と交換条件でもないから安心して、と彼は言った。そして、実は君のことが好きなのだとも。私は小さな声で、家を探してほしいと告げ、彼の女になった。不思議なのは愛が生まれるのは天気と同じで、予想も制御もできないものなのかもしれない。

　彼が借りてくれたのは高層マンションの一ＬＤＫだった。このような成り行きに、自分の中で葛藤もあったものの流れには逆らえなかった。彼の私への気配りは、奥さんへのものに劣らなかった。時間さえあれば私と過ごし、君の美しい肉体にもう夢中だと、ささやいていた。

　性から始まる愛もあるとは思うけれど、そんな愛は長続きしない。やがて妊娠したことに気づいた。二十四だった。でも心の準備もなく、心配も大きかったので、堕ろすつもりだったのに奥さんが不妊症だから産んでくれと強く望まれた。自分の歳ではこれから子どもに恵まれるとは限らない、どうしても跡継ぎが欲しいと言って。

　女は情にもろいものだ。彼が結婚すると約束してくれたので私は産むことにした。それからは仕事もやめ、「夫」に尽くし「子ども」を育てることにした。彼は男の子にこだわり、赤ん坊の性別をどうしても知りたがった。あちこちの病院で断られた挙句、四件目の個人病院でエコー検査をし、男の子だとわかった。そのときの彼の喜びようといったら、まるでロトに大当たりしたような騒ぎだった。

出産のとき、彼はずっと分娩室の外で待っていた。ところが、看護師が抱いて見せてくれたのはなんと女の子だった。彼も私も信じられなかった。取り違えたに決まっている、息子を探すのだと言って新生児室に入ろうとした彼は、止めに入った看護師を殴ってけがをさせ、警察に連行されてしまった。結局、その日に生まれたのは全員女の子だとわかり、看護師に三万五千元支払って和解した。

それからは彼が会いに来る回数が減り、前ほど優しくなくなった。男というものは結婚や同居して二年もたつと、かつての熱情は消えて冷たくなるものだと聞いていたので、さして気にもせず、文句も言わなかった。

ある日曜日の午前中、春節には帰らないと実家に手紙を書こうとしたけれど、ずいぶん字など書いていなかったのできれいに書けないため、会社のパソコンで打とうと思って出かけた。会社は住んでいるところから近く、鍵も持っていた。行ってみるとドアが開いていて、警戒しながら中に入るとホールに十歳くらいの女の子を連れた女がいた。彼は子どもはいないと言っていたので奥さんではないと思って「どちら様?」と訊ねると、向こうも「あなたは?」と聞き返してきた。するとその女の子が急に「パパ、お客さんよ」と呼ぶので、私は慌てて「階を間違えました」とごまかして逃げた。

彼は子どもはいないと私を騙し、私に男の子を産ませて、私には結婚への期待を抱かせていたというわけ。でも私は子どもを産む機械ではない。

私がわざと奥さんと別れて、私と結婚してと迫ると、息子を産んだら考えると言った。上海に来たころは彼に頼るしかなかったけれど、結婚の望みがないとわかったからには次の手を考えなければならないことを思い知った。

家を借りるより買うほうがいいと彼に頼み、十年ローンを組んで浦東に五十五㎡の部屋を買ってもらった。さらに親子保険に入りたいからと九万元もらった。半年後、娘を湖南の母に預けた。母からはどうして結婚相手を連れてこないのかと言われたけれど、忙しいからそのうちにとごまかした。手元に四万元残し、母に五万元預け、不動産屋で働き始めた。彼とは月に一度会う程度で電話もしない。もう彼には期待していないし、愛してもいないけれど、家のローンが十年あるから別れられないだけだ。完済まで、あと七、八年はかかる。でもある日突然、家を売り払い、娘や母と一緒に暮らすようになるかもしれない。

中国の出稼ぎ事情

中国国家統計局では、二〇〇八年から農民工（出稼ぎ農民）の調査制度を設けた。ここでは主に本書『中国単身女性調査』が出版された年に近い二〇〇九年と最近の一四年、一五年の調査報告をもとにして出稼ぎ農民の状況を紹介しよう。但し、各年の調査項目が微妙に異なっていることをお断りしておく。

二〇〇九年の農民工の総数は二億二千九百七十万人。そのうち一億四千五百三十三万人がよその土地に移り住んで働く〝外出農民工〟である。その六割以上の九千七十六万人は東部地区（北京、天津、河北、遼寧、上海、江蘇、浙江、福建、広東、海南）に向かい、ついで西部地区（内蒙古、広西、重慶、四川、貴州、雲南、西蔵、陝西、甘粛、青海、寧夏、新疆）に二千九百四十万人、中部地区（山西、吉林、黒龍江、安徽、江西、河南、湖北、湖南）に二千四百七十七万人と続く。また、珠江デルタ地域と長江デルタ地域だけを取り出してみると、それぞれ三千二百八十二万人、二千八百十六万人となっている。この年の特徴は、中部地区と西部地区の増加が顕著で、珠江デルタ地域と長江デルタ地域の農民工の数が減少し、〇九年の下半期に、いわゆる沿海部で労働者不足に陥った重要な原因となった。

農民工の数は年々増加率こそ低くなってきているものの増え続け、一五年には二億七千七百四十七万人に達した。そのうち、一億六千八百八十四万人が外出農民工である。東部地区へ四千九百四十四万人、中部地区へ六千五百九十二万人、西部地区へ五千三百四十八万人。東部地区が半減、中・西部地区が倍増している。その結果、地元の農民工を含む西部地区全体の農民工の数も増加を続けている。また、外出農民工で選ぶ都市の大きさは、一五年で地級市以上の都市（例えば蘇州市、広州市など）で全体の六六・三％を占めている。

・男女比と年齢分布

〇九年の農民工全体の男女比は出ていないが、外出農民工の内、六五・一％が男性で、三四・九％が女性だ。年齢的には若い層が多く、次のようになっている。一六―二五歳が四一・六％、二六―三〇歳が二〇％、三一―四〇歳が二二・三％、四〇―五〇歳が四・二％である。既婚者が五六％、未婚が四一・五％、その他が二・五％となっている。

一五年の農民工全体では男性が六六・四％、女性が三三・六％である。そのうち外出農民工は男性が六八・八％、女性が三一・二％である。女性の出稼ぎやがやや増えているが、それは地元の農民工の増加による。

年齢層の分布は、一六―二〇歳三・七％、二一―三〇歳二九・二％、三一―四〇歳二二・三％、四一―五〇歳二六・九％、五〇歳以上一七・九％となっていて、推移としては、四〇歳以下の農民工は減少していて、一〇年に六五・九％だったものが、一五年には五五・二％にまで減少。したがって、平均年齢が三五・五歳から三八・六歳に上がっている。

・学歴

〇九年、最も多いのは初中（中学）程度で、六四・八％、ついで高中（高校）程度が一三・一％、小学校程度が十・六％、中専（中等実業学校）以上（大学以上を含む）が十・四％、非識字者が一・一％となっている。この年の調査では二一―二五歳グループの内、高校以上の学歴を持つ者が、三割を超えていることが特徴ということだ。

一五年でも、やはり最も多いのは中学卒程度五九・七％で、高校卒程度一六・九％、小学卒程度一四％、大専卒以上が七・三％、未就学者一・一％となっている。外地への出稼ぎ農民では、高校卒以上が二七・九％を占めていて、地元で働く出稼ぎ農民よりも高学歴が多くなっている。

・職種

○九年の外出農民工の最も多い職種が製造業で三九・一％、ついで、建設業が一七・三％、以下サービス業十一・八％、ホテルレストランなど飲食業と小売業がそれぞれ、七・八％、交通運輸業などが五・九％となっている。このうち、製造業に従事する農民工が減ってきて、建築業、小売業、サービス業、ホテルレストランなど飲食業が増えている。

また、彼らの半数が就業のための技能訓練は受けていない。それは学歴が低いとさらになんの訓練も受けずに就業している。もっぱら技能訓練を受けなくてもできる単純な仕事であるということだろう。陸小媛の調査（注1）では、職場の選択で「技術を学べる」ことを重視する農民工が多く、また実際、その職場環境に満足しているという結果がでている。しかし、彼ら・彼女たちが携わっている仕事は、生産ラインでの組み立てなどがほとんどで、「技術を学ぶ」と言ったときに何を指しているのか、農民工たちに認識のずれがあるのではないかと指摘している。

一五年では製造業三一・一％、建築業二一・一％、卸売小売業一一・九％、サービス業一〇・六％、交通運輸業など六・四％、ホテルレストランなど飲食業五・八％となっている。○九年の調査では技能訓練を受けていないものが大半であったが、一四年の調査によると、どの年齢層でも次第に受ける率が高くなってきていて、全体では三四・八％が受けている。

・収入

○九年の農民工全体は発表されていない。外出農民工の月平均収入は、千四百十七元となっている。一四年は全体が二千八百六十四元、外出農民工が三千百八元、一五年は全体が三千七十二元、外出農民工が三千三百五十九元である（一元＝約十六円）。

・支出

外出農民工で比べると、一四年の月平均の生活費は一人当たり九百四十四元、一五年になると、千十二元に増加している。そのうち住居にかかる支出が一三年では五〇・七％、一五年では四六・九％と少し減少している。彼らの住居は、職場が提供する宿舎が二八・七％、飯場一一・一％などとなり、他人と部屋をシェアしたり、単独で賃貸したりするものが三七％となり、また、郊外から仕事場まで通勤するもの（早朝出勤、深夜帰宅）も一四％いて、かつての建設現場で働く農民工のように集団で住むという形態は少なくなっているようである。

・出稼ぎの理由

経済的な家庭状況が理由の一番にくるのであろうが、陸小媛の調査（注2）によれば、広東の出稼ぎ女性の場合、進学しないで出稼ぎに出た理由のなかで注目すべきは、「合格できなかった」を挙げたものが二番目に多かったことだという。つまり、農村での教育の質、教育環境が整っていないということの表れということだ。また、彭恵敏の調査（注3）によれば、深圳市の出稼ぎ青年の八二・七％がもう一度進学したいと考えていて、学びたい内容は専門的な技能・技術、外国語、一般教養となっている。彭は出稼ぎ青年の学習意欲が非常に高いのに対して、その希望が満たされていないことが問題だと指摘している。

注

1、陸小媛『現代中国の人口移動とジェンダー』日本僑報社二〇〇九．一二

2、注1に同じ

3、彭恵敏「中国広東省深圳市における出稼ぎ青年の生活と学習：アンケート調査を中心に」弘前大学大学院地域社会研究科年報二，二〇〇五

参考資料
中華人民共和国国家統計局二〇〇九年農民工監測調査報告、二〇一四年・一五年全国農民工監測調査報告。

（宮入いずみ）

農民工の総数及び増加率（%）
棒グラフ：農民工総数　線グラフ：増加率

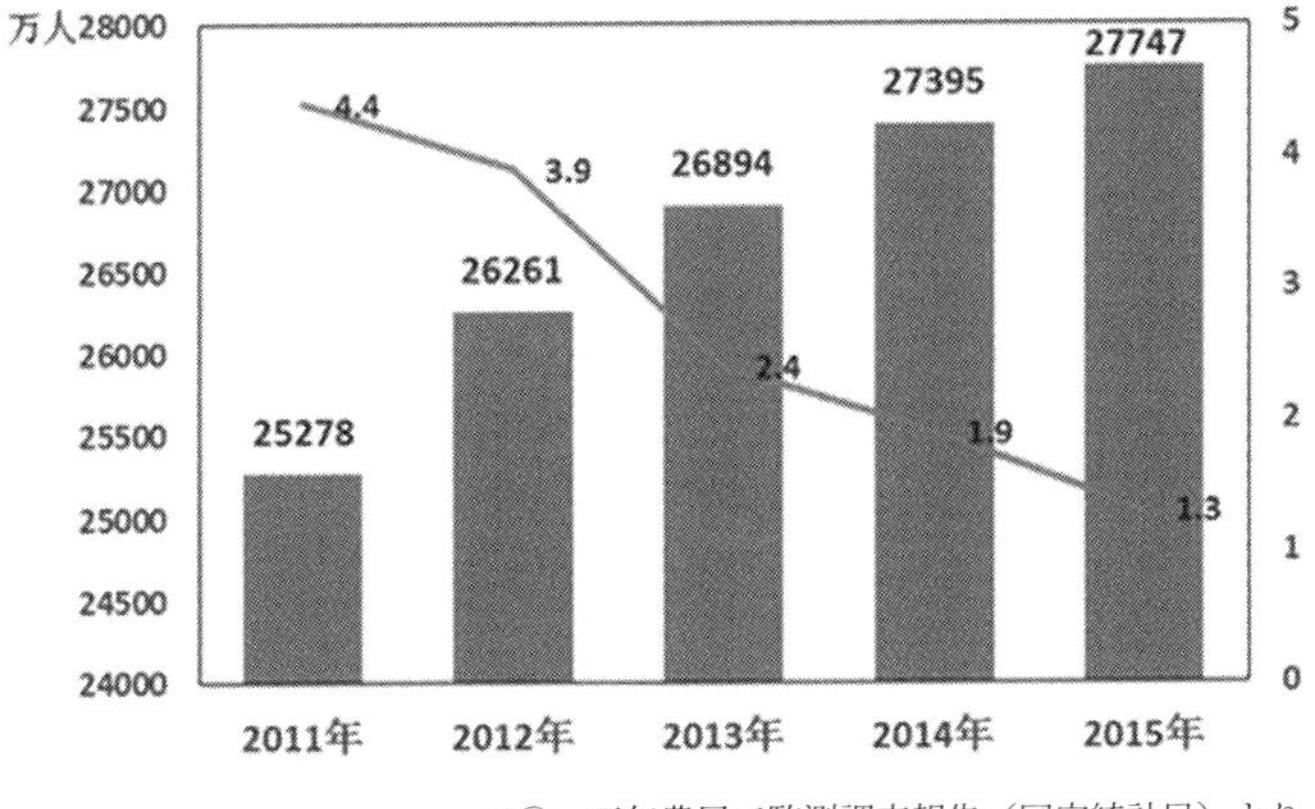

二〇一五年農民工監測調査報告（国家統計局）より

母も私も結局〝女〟

取材場所：深圳市福田区景田某コーヒーレストラン
取材相手：楊小恵《ヤンシャオホイ》
年　齢：二十五歳
略　歴：湖北省出身、短大卒、フリーター、企業の行政事務員、社長秘書など。

私は短大を卒業した年に深圳に来た。短大ではビジネス英語を勉強していた。でもそれほどできるわけではなかった。深圳に来たのは母がここにいたからだった。

母は三年前に離婚して深圳へ移っていた。すでに三十九歳になっていたけれど、性格が良く、スタイルもまあまあで、人とも上手くやっていける人だったので、仕事を探すのはそれほど難しくなかった。後に母の恋人が、駅前のショッピングセンターに母のためにブティックを開いてくれ、そこで稼いだお金を私の短大の学費に当ててくれた。

母の恋人には家庭があり、二人とも結婚するつもりはなかったようで、母も再婚は望んでいなかったらしい。つき合うなら既婚の男よ、未婚の男だとしつこく結婚を迫られて疲れる、と母は言っていた。そんな考えを持っているせいか、母は私に結婚を催促するようなことは一度もなかった。ただ、帰りが遅くなると、夜は危ないからと口うるさく注意された。

ある時期、深圳では引ったくり事件が多発していて、母は私に夜の外出を許さなかった。それが煩わしくなり、私は家を出てひとり暮らしを始めた。もちろん家を出たのは別の理由もあった。母の恋人が来るので、何かと不都合だったからだ。

私の初めのころの彼氏たちはすべてネットで知り合った男ばかりだった。最初の数人は、もう名前も覚えていない。そのなかでネットネーム「太陽」という男性に私は夢中になり、彼の事しか考えられなくなった。

彼と知り合ったのは「深圳の窓」というサイトのチャット。その日私は社長に怒られ、気分が沈んでいた。夜になると、ひとり事務所に残ってチャットをしていた。「太陽」は何時間も相手をしてくれた。十一時を回っていたけれど彼は私をバーに誘い、巴登通りのわりと有名なバーで落ち合った。二、三本ビールを飲んで、一時過ぎまで踊りまくった。私は母に叱られるのが怖くて、残業で会社に泊まると電話した。

その夜、私は「太陽」の家に泊まった。最も印象に残る夜だった。冗談を言ったり、肉体で感情を伝え合ったりして、なかなか眠れなかった。だから最後には少しでも睡眠をとろうと別々のベッドで眠った。

私は九時過ぎに起きて、あたりを見回すと彼の部屋はひどく散らかっていて、台所はゴミ置き場のようだった。きっと彼は彼女と別れたばかりか、離婚したばかりなのだと思った。部屋を片付け、床を拭き、それから朝ごはんを作った。まるでこの家の主婦のように。それからリビングでテレビを見ながら、彼が起きてくるのを待った。十二時過ぎになってようやく起きてきた。私を抱きしめ、キスをしてくれるものと期待していたのに彼はだるそうに「まだいたの」と言っただけだった。本当にがっかりした。

朝ごはん――実際は昼ごはんも兼ねていた――を食べると、彼は客に会う、と急いで出かけようとした。多くの恋人たちのように彼が私を家まで送ってくれて、抱き合い、キスをして別れると思っていたのに、それは私には贅沢な望みだったらしい。エレベーターを降りると、彼は「時間があったらまた連絡するよ。じゃあね」と行ってしまった。

彼のことは忘れようと思ったものの、家に帰ってからも頭の中は彼のことでいっぱいだった。ネットにつないで（そのころはまだ電話回線だった）、昼から夜までずっと彼をチャットでつかまえられないかと待っていたのに、つかまらなかった。母からは怒られた。「電話代は高いのよ、いつまでやってるの？ ネットって麻薬みたいに中毒になるんじゃない？」母は気がついていなかったけれど、そのときの私は、麻薬中毒のように彼のことばかり考えていた。

数日後、私はネットで「太陽」に会えた。私はすぐに「会いたい。あなたのところに行きたい」「迎えに来てほしい」とメッセージを送った。母と出くわすとまずいと思い、下で彼が来るのを待った。彼は白い車で迎えに来てくれて、まるで白馬の王子様のようだった。

私たちはドライブに行った。向西村《シアンシー》から新秀村《シンシウ》まで行き、そこから蓮塘《リエンタン》へ、さらに沙頭角《シャトウジャオ》、最後は小梅沙《シャオメイシャ》海岸まで行き、その晩は、海岸沿いのホテルに泊まった。

なぜだろう。何年一緒にいても愛せない人がいるのに、私は二晩「太陽」と一緒に過ごしただけで、毎日彼のことばかり考えていた。神さまの思し召し？　もし、「太陽」が望むなら、すぐに結婚してもいいとさえ思った。でもこのときを最後に彼に会うことはなかった。私が今も独身でいることにつながっているかもしれない。

数か月後、偶然チャットで「太陽」に再会した。彼は深圳から昆明に引っ越したと言った。私は彼に「あなたが恋しい、昆明に会いに行きたい」と伝えると、「わかった。来る前に乗る列車を教えて。駅に迎えに行くよ」と言った。

今思うと不思議なくらい衝動的で単純だった。私は彼の昆明の電話番号すら聞いていなかった。駅まで迎えに来てくれるなら問題ないと思っていたから。数日後、私はいつものチャットで、翌日昆明に行くと伝えた。

昆明駅で待つこと三時間余り、彼は姿を現さなかった。「太陽」が深圳にいたときの携帯電話に掛けてみても、その電話は使われていないようで、掛け間違えたかと、慎重に何度も掛けなおしたけれどやはり同じだった。

私は泣いた。駅の入り口にしゃがみこんで一時間以上泣いていた。でもそんな私を気にする人などいなかった。その夜は安ホテルに泊まり、翌日も朝から駅で彼を待った。夜になっても彼は来なかった。

ネットで彼を探そうとしてもネットカフェが見あたらず、三日目にあきらめて深圳行きの列車に乗った。

その後、ネットでも「太陽」に会うことはなかった。私と親密にチャットしてくれる人に「太陽」なのかと尋ねて、相手を困惑させたし、「太陽」だと嘘をつく人もいて、そんな奴は罵倒してやった。「太陽」と一緒に彼の家に行ったとき、どの建物のどの部屋に入ったのか、まったく思い出せなかった。覚えているのはエレベーターで高い階まで登ったことだけ。それでもその辺りへ行ってみて、三日三晩待っていたけれど「太陽」には会えなかった。今思えば彼の家ではなかったのかもしれない。

このころが私にとって一番辛かった時期で、誰ともデートせず、彼のためにたくさん日記を書いた。去年イギリスの有名な女性作家の日記が流行ったとき、私の方が先だったのだから、世に出せば売れたかもしれないと思ったりもした。でも人に見せる気はない。

半年後、私はあるパーティーに参加し、今の彼氏と知り合った。細身の彼は、ふくよかな女性が好きだと言った。互いに好みが一致したせいか、それとも私が惚れっぽいからか、私たちはすぐ意気投合した。

彼は何回か私をバーに誘った。私は彼の仕事が何なのか一度も聞いたことがないし、彼も私に聞かなかった。たぶんオフ会に来るような人は、毎日がつまらないと思っているか、時間を持て余している人だからこそ、こんな「優雅な時間」がとれるのだろう。

ある晩遅く、十一時近くだっただろうか、寝ようと思っていたら、彼から電話があり、自分のオフィスに来て欲しいと言われた。私は生理中だったので行きたくなかった。彼は慌てて「勘違いしないで欲しい。なにかしようというわけじゃない。落ち込んでいたから、君と話したかっただけなんだ。なんだか寂しくて」と言った。

彼の言葉が嬉しかった。たいてい男は下心があってデートに誘う。そうでない男などめったにいないため私はすぐ行くと答えた。彼が何も食べていないと言うので、私はマックのハンバーガーセットを買って、十二時過ぎに着いた。彼は「ありがとう」と言いながら二百元を私に渡そうとしたので断った。帰り際、ふと彼の机に置かれた名刺の肩書きに「理事長」とあるのが目に入った。どうりで普段から自由気ままで、ホンダを乗り回していられたわけだ。

その後、私たちの関係はどんどん親密になり、彼のガールフレンドになった。実際は愛人だったけれど。彼はもうすぐ四十歳で、子どももいる。会える時間があまりなく、普段はそれほど連絡も取らない。でも心は常につながっている。彼はよく電話なしに訪ねてきた。でもそんなとき私はいつも家にいた。愛し合った後、彼はタバコを吸ってすぐ帰ってしまう。「もう帰らないと、妻が変に思うから」と言って。

私にも葛藤はあった。日陰の身なんて一生悔やむに違いない、と思ったこともある。彼に抱かれているとき、私が愛した人はいなくなってしまったけれど、私を愛する人に出会えたのだから、その人を失うことはできない、と思うこともある。それに地位があるために愛されているわけではない。もし愛してくれない人や長続きしない愛なら、一緒にいるのは無駄だし苦痛だ。

少し前に母が入院し、手術が必要だと言われた。そのとき母は自分の恋人と上手くいってなくて連絡が取れず、お金もなかった。私は仕方なく彼に助けを求た。彼はすぐに病院に来てくれ、二万元という大金を渡してくれた。母に私の彼氏だと紹介すると、いまどきこんな大金を出してくれる人なんていないと、本当に感謝していた。

母が退院するときも彼は車で迎えに来てくれた。母の住まいにエアコンがないと知ると、すぐに買いに行き、取り付けてくれた。それからさらに母と私の口座に二万元ずつ振り込んでくれた上、節約し過ぎは良くない、もっと気にかけるべきだった、こんな生活とは知らなかった、と心配してくれた。母にも「お嬢さんはいい人です。違う出会いをしていたら結婚していたでしょう」と話していた。

私は心の中で一生、彼の秘密の女になろうと決めた。彼は「君はもっと勉強するべきだ。アメリカに留学しないか」と言った。費用はすべて負担するし、何の見返りもいらない。たとえ彼とうまくいかなくなっても、金を返せとは言わないというのだ。私はどうしようか考えている。アメリカに行くかもしれない。母は反対している。アメリカより香港がいいと。近くだから、いつでも帰って来られるからと。もしアメリカでなければ、香港中文大学で勉強して、修士号をとって、ちゃんと働いて残りの人生を送ろうと思う。

私たちは結婚も子どもも望んでいない。でも五、六年したら、子どもが欲しくなるかもしれない。彼が嫌だといったら、ほかの人の子でも……。

結婚したい！

取材場所：深圳羅湖区某客家ホテル
取材相手：許子娟《シュツーチュアン》
年　齢：二十七歳
略　歴：公共施設の職員、大卒、広東籍。

私の父は中学校教員、母は医者で、梅州《メイチョウ》でも教育熱心で知られた家庭に生まれ育った。幼いころより理想主義的で、両親からも完璧な礼儀作法と生き方を教え込まれてきていた。友達つき合いさえチェックされ、家庭に問題がある友人や、むかし万引きをしたことがあるなどの経歴や品性に問題のある友人とは、親しいつき合いをさせてもらえなかった。

大学時代、多くの学生は学校が禁止してもこっそりラブレターを渡したり、デートしたりしていたけれど、私には縁がなかった。それは私が優等生だったからではなく、理想の相手がいなかったから。

私の思い描く理想的な男性とは、ルックスはアンディ・ラウ、学歴は最低でも大卒――修士号や博士号があればなお良し、我が家よりも裕福な家庭で、少なくとも一つは優れた才能を持っているような人だった。この条件を満たす男性はこの世に少なくないはず。でも縁がなかったのか私は会ったことがなかった。

大学卒業後、私は梅州の銀行に就職した。この仕事もここでは羨ましがられる職業で、私は鼻高々だった。その頃、仲人を介して結婚を申し込んできたり、直接私にアタックしてきたりする男性もいたけれど、気に入った人はいなかった。というのも、私は支店の主任が好きになってしまっていて、当時、主任は三十七歳だった。ハンサムで、仕事も順風満帆、その立ち居振る舞いには魅力が溢れていた。私は彼にのぼせているのに、わざと気のない素振りをしていた。彼に会うたび胸が高鳴り、彼が話しかけてくれないかと夢にまで見ていたのにそんなチャンスはなかなか巡ってこなかった。

一度、口実を作って思い切って主任のオフィスのドアをノックした。彼にはノックが聞こえなかったらしく、それなのに私は「どうぞ」と言われたと勘違いして中に入ってしまった。頬が燃えるように赤く火照っていた私を、彼は冷たく叱責した。

「ノックしてから入りなさい」

「ノックはしました」と結局は言えず、その日は、悔しくて人目を避けて泣いた。恋心のせいで泣いたのは初めてだった。今では忘れられない片思いの思い出となっている。

その後、私はこの仕事に興味を失い、転職を考え始め、深圳の区役所に勤める従兄のおかげで、今の職場に移った。仕事はわりと自由がきき、忙しくもないので、ずっとここに勤めている。就職活動は苦手だし、転職の仕方もよくわからなかった。

それから六年、あっという間だった。私はたくさんの男性と知り合いになったけれど、真剣につき合った人は一人もいない。でもちょっとしたエピソードなら、何人か挙げられる。

一人目はプログラマー。学歴、才能、経済状態ともまずまずの相手だった。彼の給料は私の二倍もあり、そのうえ臨時の収入もたびたび得ていた。会社の車でよく食事に行ったりドライブした。でも彼の顔ときたら、コンピュータのマザーボードのように凸凹しているうえに、顎も少し歪んでいた。親類縁者や友人たちから〝牛糞の上に花を挿す〟と言われていた。その後、彼は大学院にも合格したけれど、私は彼とつき合い続けようとはしなかった。若い女性には虚栄心が旺盛で、私はその虚栄心を捨てられなかった。

二人目は会計士。彼は申し分のない相手で、背も高く、百七十八センチ以上はあった。彼の話には揺るぎない説得力があり、鋭い洞察力を持ち、実に賢い青年だった。ところが、彼は企業の偽帳簿を専門に作成する会計士だったのだ。

あるとき、彼が包みを私の前に投げてよこした。プレゼントだと思い開けてみると、なんと二十個以上の偽造公印だった。長いこと偽帳簿作りをしてきたため、犯罪に手を染めている感覚が鈍っていたのだろう、彼は自慢げに冗談を言った。

「いつでも好きなときに理事会が開けるよ。会社相手に商売したければ交渉の必要などない、契約は意のままさ」

話を聞いた私は驚き、自分まで犯罪者になったような気がして、何日も寝つけなかった。

数多くの会社が上場のために、彼のような偽帳簿作りのプロを雇って帳簿を捏造し、会社の帳簿上の資産を大きくしていると、そのとき初めて知った。こんな男性を夫にできる？　とくに私のような幼いころから厳格な伝統教育を受けた者には理解不能だった。かりに私が我慢できても、両親が知ったら親子の縁を切られてしまうだろう。

その後、私はある同僚を好きになった。当時彼は三十五歳で、最近離婚したばかり、非常に落ち着きのある男性だった。次の家が見つからず、別れた妻とまだ一緒に住んでいたので、私は彼の家に行ったことがなかった。彼は一流大学で修士号を取り、才能豊かで話にもユーモアがあり、人柄も良かった。私は彼とよく一緒に食事をし、街をぶらついた。彼が送ってくれると、同僚の気易さからか、いつも彼を引き留めた。彼は一度も私の手を取ったり体に触れたりしたことはなく、毎回私につき合って遅くまで雑談してから帰っていった。その当時の私は彼との結婚をひそかに決意していた。この人こそがとも白髪の運命の人だと。公園で初めて抱擁し、初めて夢中でキスもした。

ところがある日、彼と階段で出くわしたとき、彼が私を避けていることに私は気がついた。これは別れの第一歩だと私は直感した。彼の態度はますます素っ気なくなり、私に会いに来なくなってしまった。私は自分から彼に会いに行っても心変わりのわけは聞かなかった。

それから二か月余りのち、仕事の都合で一緒になったとき、ようやく彼の本音が聞けた。彼は結婚に二の足を踏んでいると。一人娘を連れた子連れの再婚で、簡単にはいかない。恋愛中は何もかもが良く見えるが、結婚するといろいろ問題が生じるものだと。さらにこうも言った。もし私がバツイチだったり年増女だったら、恐らくつき合い続けていただろう。しかしまだ真っさらで、善良かつ純粋な私を傷つけるのは忍びないと。

私は陰で泣いた。でも彼に会ったときには気丈に振る舞った。「あなたは愛人か、気安くつきあえる相手が欲しいのね、妻じゃなくて。そうなんでしょ？」こんなとき、たいていの男は否定するのに、彼は頷いた。「今は結婚できないし、約束もしてあげられない。自分にはこんな重い責任は負えない気がするから」

私は本当は言いたかった。このままつき合っていけば、いつか結ばれる日が来るかもしれない。それに感情的な問題を理詰めで解決しようとするのはよくない、と。でも女のプライドがそれを許さなかった。

それ以降も彼は相変わらず私に優しい。しかしその優しさは、親しい友人か気安い同僚への優しさだと私には思えてきた。今になっても、私は迷っている。この先も彼を待つべきかどうか、彼と何らかの進展あるいは望みがあるのかどうか。私は落ち着いた結婚がしたい、彼のような男性との平凡な暮らしを思いっきり望んでいる。

私は〝人生相談〟に電話を掛けたことがあった。相談相手の心療内科医は経験豊富なプロだと思っていたのは間違いだった。まるで風見鶏のような人たちだ。心療内科医は、私が待ち続けたいと思っているのを感じ取ると、待つべきだと言った。だが、私がちょっと迷って、待っていたところでどうなるのかと尋ねると、その女の心療内科医は突然、口調を変え、「そうですね、時間は止まってくれません。年頃の娘さんなら尚更待ってなどいられませんね。それに自信のない男性を選ぶのは、あなたにとって最も良い選択ではありません」と言った。人生相談なんて人の人生をめちゃくちゃにするだけだ。

じゃ、どうしたらいい？

私はほかの独身女性と違い、好きで独り身なのではない。いつかは結婚したいと前々から願っているし、その思いは募るばかり。私は別に立派な志など持っていない。幸せな花嫁になり、何事もなく幸せに平凡な日々を送るのが最大の理想なのだ。

ドラマの「ピンクガール」を見ると、主人公の一人「結婚狂」はまさに自分だと思うことがある。

私の結婚願望が強くなればなるほど、素敵な男性との出会いが少なくなるなんて、こんな世の中、変じゃない？

留学はしたけれど

取材場所：『深圳晩報』オフィス、喫茶店など多数
取材相手：鍾《チョン》小《シャオ》蜀《シュ》
年　　齢：二十六歳
略　　歴：アメリカへ短期留学、事務員、取材時はフリーター。

一

本当に貧乏したことがない人に、お金があるときのあの気持ちはわからない。幼いころ、私の家は鍵をかけなくてもよいほど貧しかった。貧しさのため父は何よりもお金が大事な人になった。たとえ娘が体を売って作ったものだとしても、お金さえあれば満足していた。父がお金を数える姿を思い出すたびに悲しくなる。

中学生のころ、父は「十八までしか養ってやらない、あとは自立しろ」とくどいほど言っていた。

高校生のころ、私は大学入試が怖かった。不合格ならば恥ずかしいことこの上ないし、合格しても父

はお金を出してくれないことがわかっていたから。結局、神様は私を大学に入れてくれなかった。十八歳になっていた私に父がつらく当たるので、精神的に苦しく、当時の唯一の望みは家を出て行くことだった。

翌年、私は友だちと一緒に東莞《ドングアン》のある町に出て、工場の事務員になった。そこで痛恨の極みとなる男、その町の書記と知り合った。当時、志のある者は南東地区に出て行くのが流行りで、珠江デルタにはそんな人たちが集まっていた。彼らが最も警戒したのは土地のヤクザ者、つまり役人だった。そのため役人が視察に来ると、工場長は接待に追われた。

ある日、五十過ぎの男が、まるで中国を訪問したときのクリントンのように取り巻きを引き連れて工場にやって来た。世間知らずだった私は隠れていようと思ったのに、おまえは工場一の美人だから相手をしろと工場長に言われ、びくびくしながらお茶を出した。「クリントン」はじっと私を見ていた。それ以来、私に対する工場長の態度が変わった。

ほどなくして、町の指導者だという男の運転手がしょっちゅうプレゼントを届けに来るようになった。一か月後、仕事中だった私は工場長からお客さんだと呼ばれた。行ってみるとベンツが停まっていて、なんと例の指導者が自分でハンドルを握り、食事に行こうと誘いに来たのだった。機嫌を損ねてはいけない、食事ぐらいならと同意した。食事中、家を一軒くれると言われたが、彼の意図は見え見えだったので断った。

帰ってみると寮の女の子たちに女狐だの売女だのと罵られたので、逆ギレしてあんたたちみたいな顔では街角に立つこともムリねと言ってやった。そうしたら彼女たちにボコボコにされ、全身あざだらけになってしまって……。あいつらを見返してやるために「クリントン」の愛人になる決心をした。数日後、私は「クリントン」の求めに応じて彼がくれた家に引っ越した。それから工場長を通じて私をボコボコにした女たちをクビにしてやった。すごくすっきりした。

二

ふつうの愛人ならば何も問題なかったのだろう。でも地元のやり手の愛人という立場は辛かった。地元では一緒に食事もできず、深圳まで行かなければならなかった。私は軟禁状態にでもされたようで、滅多にない彼のお出ましを待つ身となった。そのせいで精神的な病いを患ってしまった。翌年、私の孤独が原因だと判断した彼は、四十万元もくれたうえ、ワシントンに留学させる手続きを取ってくれた。

牢獄のような家からは出て行きたかったし、彼と別れるわけにもいかなかった。別れたら、私には何もなくなってしまう。だから留学は渡りに船だった。ワシントンでの三年間、ろくに勉強もせず、寂しくなれば彼のもとに帰り、お金をもらっていた。だから留学したといっても、ろくに知識もないまま修了証書をもらっただけ。偽造卒業証書が簡単に買える時代だし、どっちみち私にとって意味がなかったけれど。

帰国後、私は待ちつづける生活がもう嫌だったので、駆け落ちを迫った。雲南あたりの人里離れたところに行きたい、お金の心配などもうこれからずっとしなくてもいいのだろうからと言って。今にしてみれば幼稚だったと思う。彼はもう五〇歳ほどで、その立場からすれば簡単に役職を捨てるわけにはいかなかっただろうし、役職を捨てればお金以外に何も残らなくなってしまったのだから。でも私は彼が駆け落ちしてくれると信じて疑わなかった。

人目を避けるため広州の白雲空港で落ち合うことに決め、航空券を二枚買って待った。でも彼は来なかった。電話をしたら、もうじき退職で女房、子どももいるから無理だ言われ、電話を切られた。死んでしまいたかった。

気が抜けたようになって実家に戻ると、私が囲われ者になっていたことを知っていた父の最初の言葉は、どうして手切れ金をふんだくってやらなかったのか、だった。そのとき、お金を渡さなければ追い出されると思い、全財産の十数万元を父に渡した。指に唾をつけてお金を数える姿を見て、自分の命はお金よりも軽いのだと思った。

父はそのお金で家を改築したが、私の居場所はなかった。父と兄に部屋を取られてしまい、居候のように応接間のソファーで寝ていた。食費も入れないのかと父には文句ばかり言われていた。

三

実家で一年過ごした後、生きるためにやむなく深圳に出てきた。深圳の職業紹介所では「留学帰りの人材」などと言われて引く手あまたで、職探しは楽だった。寂しかったので、野良犬を拾ってきて可愛がっていたのに仙湖植物園に連れて行ったとき、突然道に飛び出して車に轢かれ、無残な姿になってしまった。運転手は見て見ぬ振りをして走り去った。私は犬の死骸をスカートにくるんで帰り、きれいに洗って服を着替えさせてやり、山の麓に埋めた。その夜は泣き通した。深圳には頼れる人もなく、孤独と恐怖にさいなまれ、肩にもたれかけさせてくれる人がいればいいのにと心の底から思った。

そのとき、知り合ったばかりの若い男を思い出した。航空券売り場のアルバイトで、一度彼から買ったことがあった。私は魔が差したように彼に電話をし、その夜のうちに関係をもった。それが最大の慰めになったからだ。

翌日目覚めた後、彼とは身分違いだということがわかった。小学校さえ卒業していないというのだから、それ以上つき合うのは無理ではないか？　だから彼に千元渡そうとしたら、彼はお金を投げ捨てて「侮辱するな、カネが欲しかったわけじゃない」と言って怒った。それでどうにもならないとわかっていながら、彼の面倒を見る羽目になった。手に職がない人が仕事を探すのは難しいので、私が彼に二千元払い、家の中のことをやってもらった。彼は私の言うことをよく聞いてくれた。彼には中学程度の数学と国語も教えてやった。

彼とは半年続いた。愛情があったのかと聞かれれば、愛などなかった。では友情だったのかと聞かれれば、それ以上の感情はあったような気もする。それならば雇用関係だったのかと聞かれれば、そんな関係ははるかに超えていた。

ある日突然、彼は故郷に帰ると言った。もう耐えられない、私と別れるのは解放なのだという。彼以外の男とはまともにつき合ったことがなかったから、愛情はなかったにせよ、犬が死んでしまったときのようにとても辛かった。きっぱり縁を切ると言われたが、ある日、不意に戻って来るのではないかと空想さえした。

彼を失い、私は籠の中の鳥も同然になった。どうやって生きていけばいいのかわからず、自殺も考えた。昨日はずいぶん長いこと喫茶店にいたのに誰も声をかけてくれないし、電話もかかってこなかった。新聞を買って暇つぶしをしていたとき、たまたまこの番号が目にとまったというわけ。つきあってくれてありがとう。

羊はオオカミが好き

取材場所：「深圳都市報」会議室
取材相手：金茗《ジンミン》
年　齢：二十三歳
略　歴：中国メディア大学を卒業、メディア関連会社に勤めたことがある。

彼の眼差しはオオカミのように深い

去年のクリスマス、夜空にはアルコールと男の匂いが漂っていた。私は、思いもしないときに、思いがけないメールのあと、一生忘れられない物語をいつしか持つようになっていた。

物語のヒロインはもちろん私、ヒーローは私が「オオカミ」と呼ぶ男。彼にはオオカミという名がふさわしい。鋭敏ですべて見通すような目、オオカミのような猛々しさ、内に秘めた力。

オオカミと知り合ったのは去年十月だった。私が北方の都市から空でさえ誘惑に満ちている深圳へ来て間もないころだった。当時、私には恋人がいて、つき合い始めてまだ日も浅く、彼への気持ちが愛なのかよくわからなかったし、恋愛感情に物足りなさも感じていた。なんというか、テーブルいっぱいの料理に、唐辛子の効いた料理が一品もないような感じだった。彼との交際だけでなく、将来の結婚にも不安を感じていた。

人から可愛がられたことのない子羊のような私は、おとなしく優しい見かけの裏に、人の知らない退廃と悲しみを宿していた。オオカミだけが私を静かにその胸の中で眠らせることができるのだ。私の渇望するそのオオカミは、深圳に来て数か月したころ私の前に現れた。

よくあるように、私たちはインターネットで知り合った。ある投稿広場で偶然彼の書き込みを見つけ、それにコメントしたことがきっかけだった。よくある恋との違いは、私たちの愛の感覚は心の響きから始まり、欲望からではなかったことだろう。

ある雨の夜、私は彼とネットでおしゃべりするようになった。見も知らぬ私に、彼は気さくに話しかけてくれた。交わした会話はほんの少しなのに、言葉と魂は時には通じ合うものなのか、わずか百余りの文字が私たちの心を引きつけ合った。私の脳裏には彼の顔がいく度となく浮かんだ。彼の言葉はわずか数語だけなのに、すべてが私の思いにぴたりと符合していた。互いに会いたいという思いを持ちながら、二人ともその思いを文字に隠した。文字の魅力は決して音声に換えられるものではない。

私が冷静に構えて、オオカミの方から跳びかかってくるのを待っていると、突然チャンスが訪れた。会社が主催する五洲ホテルでのイベントに、一群の「スーパーモデル」と称される三流モデルが来て興を添えることになった。私は彼が写真撮影に一家言あるのを知っていたので、彼に電話で誘ってみた。

イベント当日、もう始まる時刻になっていたけれど、オオカミの姿は影も形も見えなかった。私は自分に選択問題を出した。
問：彼はなぜまだ来ないのか？
一、こっちへ向かっている
二、興味がない
三、忘れた
四、急に用事ができて来られなくなった
私は自分の出した問題の答えを考え、消去法でやってみると、一の「こっちへ向かっている」だけが残った。私は考えているうちに、可笑しくなって吹き出した。

人を待つのは寂しいことだ。寂しさの中には、人を苛立たせ不安にさせるものがある。私のはそんな寂しさだった。洗面所へ行き、個室でこっそり身だしなみを整えた。女性というのは外見に満足すれば、口座に多額の預金があるような気分になって、内側から自信が生まれるものだから。

彼はまだ現れなかった。イベントも始まってしまっていて、私は司会者として舞台に上がらなければならず、待つのを諦め、前に出ていこうとしたそのとき、「貝貝《ベイベイ》はいますか？」と同僚に尋ねる声が耳に届いた。声は磁石のようにまっすぐ私の耳に吸い付いた。「貝貝」は私のニックネームで、彼に話したことがあったのだ。振り向くと、オオカミの眼のように深遠で火花を放つような眼差しをした、体格のいい男性が目に入った。彼は全身黒づくめで、笑わず、嘆かず、驕らず、そしてはにかむところもなかった。ハンサムとはいえないけれど、形容できない独特の雰囲気があった。

短い挨拶を済ませたあと、私は彼を席に案内し、自分はちょっと外に出て気持ちを落ち着かせ、考えを整理し、何を話すか考えた。話題は魔物だ。考えれば考えるほど出てこない。私は頭が空っぽになるまで考え、およそ十五分後、私が会場に戻ってみると、彼の姿はなかった。彼はオオカミよりも敏捷に、同僚たちの目の前をすり抜けて行ったのだ。恐らく写真を撮ってすぐ会場を出た違いない。同僚も彼の行方を知らなかった。

私は自分にまた一つ選択問題を出した。

問：彼はなぜ戻ってこないのか？

一、私が嫌い

二、洗面所にこもっている

三、突然用事ができてちょっと会場を離れた

四、外へちょっと買い物に出ている

私は今回も消去法を使い、後ろの答え三つを消去し、「私が嫌い」を残した。私は急に悲しくなった。神様はどうしてこのように人をからかうのだろう？　彼に電話をしてみると、彼はこう言った。「人づき合いがあまり好きじゃないし、にぎやかなところも苦手なんだ」まだ大丈夫だと思った。「私が嫌い」といった類の言葉は使われていなかったから。彼に、また戻ってくるかどうかを尋ねると、彼は言葉を濁した。まるで首根っこを押さえつけられはしまいかと恐れているかのように。たぶんそれはオオカミの習性なのだろう。

私はもう彼に電話をしなかった。どんなに美しい景色でも、距離を取って観賞しなければ美しさは

わからないはずだから。私は彼と距離を置くことにした。このおとなしい性格が私を羊に似せてしまうのだろう。そして私はオオカミには勝てないこともわかっていた。

私は彼の淹れたコーヒーを静かに味わう

夜、家に帰った私はソファーに身を沈め、ぼんやりとあのオオカミのことを考えた。あの羊の皮をかぶったオオカミのことを。

次の日、私はじっとしていられず、彼に電話をした。ひとしきり他愛もない話をした後、私はついに「あなたは私が初めて一目で好きになった人です」と告白した。彼は事もなげに「あ、そう。俺も君には好感を持ってるよ」と言った。これがオオカミらしさだ。生まれついた冷淡さ、そして尊厳と自負が染みついている。

電話を切った後、私はじっとしていられずにインターネットで彼の名前を検索した。どうせ普通のサラリーマンだろう思っていたのに、検索して驚いた。なんと彼が撮った作品が星の数ほどヒットしたのだ。彼の知恵と孤独と敏捷さは、彼が真の一匹オオカミだと私に教えていた。私は彼に作品集を一冊送ってほしいとメールで頼んだ。運よく、ちょうど彼の作品集が出版され、出版社から見本が送られてきたばかりだったようで、まるで私のために用意されたかのようなタイミングの良さだった。私たちは十月二十八日午後二時半に会うことにした。

オフィスで会うと、すぐ用意してあった本を手渡された。受け取った私は心ならずも「帰ります」

と言うしかなかった。彼は大きく見開いた目で私を見つめながら、ぶっきらぼうに言った。「まだいいじゃないか。ちょっとコーヒーでもつき合えよ！」

私は彼が淹れたコーヒーを味わい、彼の表情の変化を味わっていた。部屋の中は、私の鼓動でなければ彼の鼓動が聞こえてきそうなほど静かだった。一時間あまり、彼は時には山のように静謐に、時には滔滔と流れる川のように語った。四時になった。「もう帰ります。帰ってあなたの作品をよく鑑賞したいの」と言うと、彼がまた引き留めた。「ねえ、一緒に街に行かない？」「…ええ」と私は小さく頷いた。

二人は二階建てバスに乗って東門老街《ドンメンラオジェ》へ向かった。二階の最後列に、彼と寄り添うように座った。窓の外を流れる景色に惹きつけられるものは一つもなかったけれど、彼の一挙一動は、どんな些細な動きでも私の目に飛び込んだ。突然彼が私の手を握った。その掌は唇のように柔らかかった。

バスが東門中路《ドンメンチョンルー》のデパート前に着いて、バスを降りるとき、彼がいきなり「君を抱きしめたい、かまわないかい？」と聞いた。彼は私の額に軽くキスをすると、私をきつく抱きしめた。恋愛がこんなに抗いがたいものだということを初めて知った。道理で人が言うわけだ。恋の誘惑以外なら、どんなことにでも立ち向かえる、と。

バスを降りてから彼はずっと私を抱きかかえるようにしてデパートに入っていった。

抱擁の感触には三種類ある。家族間の親密な感触、友人知人の挨拶的な感触、心が通じる者同士の電気が走ったような感触で、彼の抱擁は三つ目だった。

彼は私より十二歳年上だった。「俺が五十のとき、君はまだ三十八だ。俺がじいさんになっても、君はまだ若い。どうする?」実を言えば、私は年をとるのがとても怖い。「私は三十八まで生きれば十分よ。それ以上生きてたら、皺だらけになって見るも無残だわ」そう私が答えると、「よし、わかった。君が三十八になったら、俺が君を食ってずっと腹に入れておき、毎日君を連れて仕事に行き、食事に行き、写真を撮りに行くよ」

別れ際、彼が送るというのを私は断った。涙もろい私の目から涙がこぼれるのが心配だったから。遠くなる彼の後ろ姿、その振り返りもせずさっさと行ってしまう姿を見て、彼への思いが込み上げてきて、彼にメールを送った。「さっき、ずっとあなたを見送っていたけれど、あなたは振り向いてもくれなかったわね。私、あなたのことを愛してしまったみたい」彼の返事はこうだった。「俺が振り返ったとき、君の姿はもうなかったよ。今、君のことを考えている。俺も君を愛してしまったようだ」

数日後、彼が「会いたい」とメールを送ってきた。神に誓ってもいいけれど、私もちょうどそのとき彼に会いたいと思っていた。というのも彼の顔が少しぼやけてしまっていて、それが恐かったからだ。私も「会いたい」と返信した。

「いつ?」と彼が尋ねた。

「今。東門のいつものところで」と私。

そして、私がバスで一時間かけて東門中路のデパート前に着いたとき、彼はすでにそこで私を待ち続けていた。彼の顔を見た私は「じゃ、またね」と言った。彼は狐につままれたような顔で「どうしてすぐ帰るの?　まさか俺に食われちまうとでも?」実は私は仕事で成都に行くため空港へ向かう途中、彼に会いにわざわざ立ち寄ったもので、彼の顔が見られて、私は満足だった。

離陸後、乗客はみな目を閉じて静かにしていて、私も目を閉じていたけれど、彼の顔、身体、立ち居振舞いが何度も頭の中で去来していた。このような密かな愉悦に、私は幸せというものを感じた。

一晩が百年の眠りように

二度会って、私たちの関係はダメになるどころか、想いはますます高まっていき、毎日何度もメールをやり取りし、話題を探し、わざわざ難題をぶつけたりもした。

クリスマスの夜、お祭り気分でどこもかしこも賑わっているなか、私が会社で残業をしていると、九時になるや、悪友たちが私を無理やり飲みに連れ出した。飲み始めてすぐ、彼から今どこにいるの、というメールが入った。友だちと一緒にお酒を飲んでいると伝えると、彼も同僚と一緒にお酒を飲んでいるとのこと。飲んでいるあいだ中、私たちは何度もメールを送り合い、次第に二人とも会いたくて仕方なくなって、会う約束をした。時刻はもうすぐ十一時。風は冷たかったけれど、酒が体を熱く火照らせていた。私は三十分遅刻した。彼はじっと私を見つめたまま、数秒間の沈黙の後、言った。

「同僚との飲み会がまだ終わっていないけれど、君に会いに来たんだ。友情より恋愛重視ってところかな？」

「私もそうよ」

オオカミは狂おしく私を抱きしめ、私たちは激しいキスを交わした。冷たく、でも燃え盛る火のような強い風の中で、私たちは互いに求め合い、離れられなかった。深まる愛に、方向を見失い、私の心は家に帰る道を見つけられなかった。空が白んできても私たちは眠くなかった。彼は私の顔を手で包み込み、しげしげと眺めて「一晩のあいだに、君は急に魅惑的になったね。不思議だ」と言った。

「うそでしょ」

「鏡で見てみたら。うそじゃないよ」

私はバッグから手鏡を取り出した。鏡の中の私は、発酵によって柔らかく膨らんだパンのように、少女から艶やかな女性に変身したようだった。一晩中起きていたのだから、ひどくやつれていると思っていたのに、この夜はまるで百年も寝ていたかのように私を変えていた。愛が私を魅力的に発酵させたことに感謝した。

「行きましょう。オオカミさん、あなたと一緒に行くわ」と私は言った。

「どこへ？」

「駆け落ちよ」

彼は私の鼻を抓んで言った。「それが望み？」

そう。なぜ新たな愛のために駆け落ちするのか？　私はこう考える。愛はしがらみを捨て去ってこそ生まれ変われる、と。

半年後、オオカミは離婚した。半分は私のため、半分はしがらみから抜け出すため。彼は真っ先に私に知らせた。「自由になったのね、おめでとう！　あなたはもともと自由を求める人なのよ」私もオオカミも夫婦という形式が嫌で、結婚はしたくなかった。でも私たちは互いに離れられない。私は風になびく凧、彼が私の糸口を握っている。彼は一台の大型バス、終着点は私の心にある。二人でいるときは、買い物、スポーツ、パーティーと派手に遊びまわって、他人がどう言おうと、毎晩とことん楽しむ。一人のときは、何もせず静かに過ごす。

私にとって深圳は、傷ついた都市であり、縁が結ばれた都市でもあった。私たちはともにこの都市を厭いながらも愛していた。

シングルマザー

取材場所：ＭＳＮで遠距離インタビュー
取材相手：陳晴《チェンチン》
年　齢：二十五歳
略　歴：会社員、大卒。

一

大学を卒業したとき、私は二十一歳。リンゴのように頬が赤い丸顔で、黒く太いお下げ髪だった私は「お姫様」と呼ばれていた。

大学時代の私は恋愛もセックスの経験もなかった。今は、大学卒業時に処女でいる人なんてほとんどいない。そのころの私は非常に純真で、世の中の男はそうひどい男はいないと思っていた。すべて伝統的教育のおかげだった。

私の学生時代は、誰もが出世に幻想を抱いていた。男子学生はみなタバコ、酒、麻雀に手を出し、悪い仲間とつき合っていて、恋人同士が同棲するのは当たり前で、しないほうが変だと思われていた。週末の校門は高級車であふれ、プラダやグッチやディオールを持った学生でいっぱいだった。貧乏な男子学生たちは、口を開けばビル・ゲイツやジャック・ウェルチの話をして、幸せな生活を空想していた。そんな中で純真な女の子のままでいることはそう簡単ではなかった。

成都の不動産屋に就職したあと、自分が純粋すぎると気づいた。そのころ、私に好意を示す男が数人いて、私は何も考えることなく、どの人とも同じように接し、誰に対しても警戒心を持たなかった。私の所属した営業部の部長は魅力ある若い男で、何かと私の面倒を見てくれた。契約では研修期間が三か月となっていたけれど、二か月目に入ると、正式採用になり、給料も三百元上がった。

部長は仕事が良くできた。多くの女がアプローチしても無視していたのに私には優しく、よく食事に誘い、プレゼントをくれた。週末には車で郊外にドライブに出かけ、だんだん彼を受け入れるようになっていった。

ある日、仕事が終わるころ大雨となり、同僚たちは次々に帰っていったけれど、私は彼が車で送ってくれるのを待っていた。でも彼は商談が長引いていて、やっと迎えに来てくれたときも、雨は止んでいなかった。彼がファストフードを届けてもらおうと言い出し、彼のオフィスへ行って食べることにした。

食事の後、彼が片付けてお茶をいれてくれ、私は彼のデスクでネットにアクセスしていた。突然、彼が私を抱きしめ、キスをした。抵抗する間もなかった。初めてのキスではなかったけれど、ディープキスをされるのは初めてだった。彼はこの機会を逃がさないとばかり私をソファーに運んだ。このときは懸命に抵抗したけれど、結局抵抗しきれなかった……

私の初体験だった。そのときの私は恋人になれば遅かれ早かれそういう関係になると思っていて、さほど彼を恨まなかった。

一か月後、彼に妻がいることを知った。彼が重慶へ出張した日、私は彼のオフィスで電話に出た。相手は「こんにちは。主人をお願いします」と言った。びっくりした私はとっさに反応できず、少し迷ってから、「どちらにお掛けでしょう。ご主人のお名前は?」と言った。相手の態度は横柄になり、大声で彼の名前を言った。「奥さんですって? 掛け間違いでは…」

「何を言っているの、私は妻よ。間違えるわけがないでしょ。あなたのお母さんがあなたのお父さんを間違えるかしら」

私は言葉を濁し、部長は出張です。携帯にかけてください、と言って電話を切ったあとは、頭が空っぽになってしまっていた。

私は男が女に求愛するのは、独身が前提で結婚するためなのだとずっと思っていた。初めての恋愛がこんな愚かな罠にはまるとは思ってもいなかった。経験に勝るものなしとはこういうことだったのだ。

三日目の夜、彼が出張を終えて帰ってきた。私は彼のオフィスで待っていた。彼の嘘がばれていることを言わなかった。彼はすぐに私を抱きかかえてキスしようとしたが、私はそれを強く拒んで彼を押し返したので、彼はよろけて転んでしまった。

「奥さんがいるのに、どうして嘘をついたの?」

彼は驚いて立ちあがると、「君を愛してしまったんだ。話す勇気がなかった。時間をくれないか。妻とは別れて君と一緒になる」と言った。

私は他人の家庭を壊して、罪のない奥さんを傷つけたくなかったので、もう終わりにしましょう、と言ってオフィスを出た。彼が背後から言った。「離婚したらまたつき合ってくれないか。君への思いは本当なんだ。信じてくれ」

この後、彼とはもう一緒にいることはなく、通勤も別々になった。彼は確かに奥さんと離婚しようとしたが、奥さんが同意せず、ひどいことになった。奥さんは会社へ押しかけてきて大騒ぎし、全社員が私たちのことを知ることとなった。本当に恥ずかしかった。幸い私は彼女が来た日、急いでこっそり会社を抜け出してしまっていた。さもなければどんなことになっていたか。

数日の間、恥ずかしく私は出勤せず、病気と偽って寮に閉じこもっていた。

二

休暇をとっていた翌日の夜十一時頃、友人の珊珊《シャンシャン》から電話があった。彼女は激しく泣いているばかりで、理由を聞いても何も言わないので、私は彼女を慰めて電話を切った。

きっと彼と喧嘩したのだろうから、私の辛さに比べたらたいしたことではないと思った。「喧嘩するほど仲が良い」と言うし、今どきの男はおとなしいから、別れ話になっても女に暴力を振るうことはめったにないし、喧嘩になっても大ごとにはならないだろう。

ところが電話を切って間もなく、珊珊からメールが来た。「妊娠した。どうしよう？」と。珊珊は自分が幸せの中にいることに気づいていないようだ。私は、結婚したくて、妊娠したくてたまらないのに、妻のいる男とつき合ってしまった。珊珊の彼氏は百パーセント彼女のものなのだから。

「それなら結婚すればいいのよ。そんなに大騒ぎすることではないでしょ」と返信した。

彼女からすぐに返信があった。「問題は、この子が彼の子どもじゃないことなの」

なんてことなの。私はどういうわけか、とても辛くなった。

「なんで彼氏を大事にしないの。ほかの男と関係を持つなんて、軽率ね！」「もう起きてしまったことをとやかく言わないで。すごく混乱しているのだから」

成都という街は本当に色恋沙汰が起きやすい所。珊珊のような子でもこんなことになるなんて。世の中、犬畜生のようにめちゃくちゃだ。

「早く堕せば？」

しばらくして珊珊から返信があった。「相手は子どもを欲しがらないけど、私は母親になりたいの。子どもを生みたいんだから、仕方がないわ」

「あなたの彼氏は自分の子じゃないことを知っているの？」

「彼は私の妊娠をまだ知らない。彼とは毎回避妊してた」

私は驚いた。「どうするの。彼と別れてその人と結婚するの？」

「奥さんがいるの。だから面倒なのよ」

「離婚してあなたと結婚する気はないの？」

「その気がないから、私に堕せと言うのよ」

珊珊はなんて馬鹿なことをしたのか。彼氏は優しくて、向上心のある男で、まだ若くてお金がないだけなのに。たぶん彼女はお金のために、もう一人の男と関係を持ったに違いない。どうりで彼女が最近ブランド品を身につけ、新しい携帯に変え、高級化粧品を使い、流行のノートパソコンを持っていたわけだ。

誰にも欠点はある。幸せな人は幸せを大切にすることを忘れ、そのため苦しみの渦に巻き込まれてしまうし、苦しんでいる人は消沈して、苦しい状況からますます抜けられなくなってしまう。私はどうすれば自分が早く今の状況から抜け出せるか考えていた。もし彼がすんなり離婚したら、彼とこの関係を続け、もし離婚が出来なかったらさっさと別れて会社も辞めるつもりでいた。

数日後、彼の奥さんが帰ったと聞いて私はようやく出社した。彼はすっかりやつれ、髪はくしゃくしゃで、白髪も増え、ひげも剃っておらず、思わず私の目から涙がこぼれた。自分の感情を抑えて彼にメールした。「もう苦しまないで。奥さんと仲良くして。あなたを責めないから。あなたの姿を見ると心が痛むわ」

彼がすぐ返信してきた。「離婚は君のせいだけじゃないんだ。たまたまきっかけになっただけさ。いずれ離婚するつもりだったんだ」

彼は離婚の条件として、二十五万元の貯金を含む全財産を奥さんに渡し、三歳の息子の養育費を毎月千元支払うことを提示した。それでも奥さんは同意しなかった。奥さんは彼を徹底的に懲らしめると言い放ったが、それは怒りにまかせた言葉だと思った彼は、まったく気にせず、交渉がうまくいかなかったので裁判所へ訴えた。

彼は離婚を簡単に考えすぎていたようだ。法律に従えば解決できると思っていたけれど、奥さんが昼夜を問わず騒ぐので疲れきってしまい、死にたくなったそうだ。奥さんは裁判所の召喚状を受け取ると、開廷の前に親戚数人を引き連れて彼の会社に乗り込み、彼を見るも無残なまでに殴りつけ、彼は入院してしまった。

人を愛することはなぜこんなに疲れるのだろうか？　愛していなくてもなぜこんなに疲れるのだろう。愛している二人の愛が冷めたとき、どうしてお互いを苦しめるのだろう。結婚とは本当に恐ろしい。

「離婚しないでください。私たちは友人でいましょう。このままだと死んでしまう。死んでしまったら、元も子もないじゃないですか」

「僕のことは君にはわからないよ。自分なりの考えがあるんだ。すべてうまく処理できるはずだよ」

半月後、彼は退院したが、会社には戻ってこなかった。同僚の話によれば、彼は会社を辞めたそうだ。奥さんに大騒ぎされ、メンツを失って会社にいられなくなったのだ。私は彼にメールでどこにいるのか尋ねた。彼からはアパートにいる、巻き添えにならないように離婚するまで会わないようにしよう。何かあればメールか電話で連絡をとろう、と返信があった。

彼が会社を辞めた一か月後に裁判がやっと始まった。彼は弁護士をたてず、みずから故郷へ帰り、法廷に立った。数日後、彼は成都に戻ってきて私に電話をくれた。まだ判決は出ていない。調停も失敗した、と。彼がすっかりやつれきっているのを見て、悲しくなった。なんと故郷に戻っていた間、再び奥さんの親戚に殴られ、奥さんにはあちこちで罵られ、どこへ行くにも奥さんがまとわりついていたのだそうだ。彼は服もぼろぼろになり、毎日満足に寝られず、精神的にかなりまいっていて、自殺さえ考えたと言った。

裁判所の出入口で奥さんは法廷だけでは足りずに再び彼を罵り始め、成都のあちこちで女を買い、会社の女とくっついたあげく、妻と子どもを捨てたと、ありもしない作り話をしたらしい。この苦しい状況が半年ほど続いたあと、すべてを失って、ようやく離婚が成立した。

私のそばに戻ってきた彼は、以前とはまったく違い、顔色が悪く、目が窪んで頬がこけ、少なくとも五キロは痩せただろう。そのときの彼は無一文で、私よりお金に不自由していた。もし私が彼を受け入れたとしても、二人で数年間努力してやっと普通の生活に戻れるかどうかの貧しさだった。私の友人は、彼とは別れた方が良い、金持ちの男がもっとまわりにいるではないかと言った。でもそのとき彼と別れたら、彼の傷に塩を塗るようなもの。彼が輝いているときに別れているなら気は楽だっただろう。

結局、私は彼を受け入れ、同棲して、出来る限り彼の面倒を見て、大切にした。

三

一か月後、彼は仕事を見つけた。不動産関係の管理会社の主任だった。彼が一生懸命働いてくれたので、生活はだんだん良くなっていった。多くのものを失って得た愛情なので彼は非常に大切にし、私を大事にしてくれた。食事の仕度も、洗濯も私にはやらせず、すべての家事を彼がやった。私がすべての中心で幸福感は日増しに大きくなった。

私たちは結婚することにした。

彼の体力が元に戻ってから、私は彼を連れて実家に帰った。両親は私の選択を尊重して反対はしなかった。ところが思いがけないことに、彼の実家へ二人で行ったとき、彼の母親が私を受け入れてくれなかった。たぶん彼の先妻の影響なのだろう、私が男をたぶらかしてばかりいる、とんでもない女だと言いふらしていた。孫が可愛いので、先妻の肩を持つのだろう。私が息子の家庭を破壊したのだから、ほかの家庭でも破壊しかねないと言った。息子の彼がどう説明しても、母親の考えは変わらなかった。断固として結婚を許さず、もし結婚しようものなら、自殺すると脅かし、彼は私と母親の板ばさみになり困っていた。しかも彼の母親が言葉どおり自殺を図った。幸い発見が早かったので、命は取り留めた。

私は彼を困らせたくないため、別れ話を切り出した。彼を深く愛している。でも、母親の命が結婚の代償となるなら、結婚などしない、と。彼はどうしても承服しなかったが、母親が成都にまで出てきて、私から離れるよう彼を追い詰めた。

私はやむを得ず仕事を辞め、涙をこらえてこの街を離れた。

それは雨が降った晩だった。成都の気候はそんなに寒くないのに私の心は寒さのあまり震えていた。荷物を持って駅に向かって走った。実家に帰るつもりだった。彼は懸命に私の後を追ってきて、私を抱いた。胸を刺されるような気持ちで涙が流れた。その夜、私たちは駅近くのホテルに泊まった。すべての愛を彼に残して、ひっそり生きていくつもりだった。一晩中愛の営みを続けていた。彼はかなり疲れたようで、夜明けには死んだように眠っていた。

翌日の早朝、そっと出て行くことにした。そのとき彼はまだ眠っていた。静かにドアを閉めようとして、彼にはもう会えないと思ったその瞬間、胸がはり裂けるほどだった。ホテルを出て、思い切って携帯電話のカードを抜いて捨てた。

私は実家の都江堰《ドウジャンイエン》行きの列車に乗った。ぼんやりしていて荷物が二つ盗まれたことにも気づかず、まるで車内から蒸発してしまったかのようだった。身分証明書、銀行カード、現金がその中に入っていたため、急いで紛失届けを出したので、幸い銀行のお金は無事だった。

両親がいろいろと尋ねるなか、私は半月実家に身を潜め、それから北京に出た。大学時代の四年間を北京で暮らしたので、この街を知らないわけではなかった。行くあてもないとき、この生きるのに厳しい巨大な街を思い出していた。北京にはクラスメイトや友達がいるから、仕事を見つけるのはそう難しくなく、落ち着いて間もなくＩＴ企業の仕事を得た。

過去を忘れてやり直そうとしていたその矢先に厄介なことが起きた。何日も食欲がなく、急に痩せて一日中眠くて、油っこいものを見ただけで吐き気がするようになった。そのときは妊娠したとは思わず、生理は常に不順で、よく狂っていたので、あまり気にしていなかった。ある日、全身の力が抜けるほど吐いて、初めて薬局で妊娠検査薬を買って、ようやく自分の妊娠を知った。もちろん彼の子どもだった。

子どもができても彼の母親の偏見は変えられないとわかっていたし、子どもを二人の関係を保つ道具に使いたくなかった。私は本当に疲れていた。それでもときどき、おさえ切れないほど彼のことを考え、それが抑えきれなくなったある日、彼の携帯電話に公衆電話から電話してみた。でもその電話はもう使われていなかった。

私の妊娠を知った親しい友人はほぼ全員が堕すことを勧めた。この愛と恨み、どうしようもない無力さと悲しみに押しつぶされそうになりながら毎日、大変な思いをして出勤した。

突然自分の体に命が宿ったけれど、私自身がまだ子どもで、頼れる人もなく、矛盾を抱えていた。でも子どもは私のものだ。私は生むことにした。

今後の道のりが長く苦しいことはわかっていた。シングルマザーは普通の人が理解できない不条理と社会的圧力に耐えなければならない。子どもの父親が私をこんな境遇に陥らせたことを恨んだけれど、私の母性はお腹にいる命に同情していた。私は、いつか子どもを連れて彼の前に立ち、この数年間の不平不満をぶちまけたとき、彼が消えない悲しみを感じ、永遠に離れず、私に愛を補償し、子どもと私をもっと可愛がってくれるのでは、と空想した。

でも頭がはっきりしているときはこれがただの幻想だとよくわかっていて、夢から醒めると、必ず虚しくなった。

こうして十か月後、子どもが生まれた。女の子だった。顔立ちが彼そっくり、瓜二つだった。この十か月間、私は毎日、自分が作った嘘のなかで生きていた。同僚に子どもの父親のことを聞かれると、海外留学中、と嘘をつき、医者に聞かれたときは、生憎、出張中だと言った。さらに両親には、北京で結婚して、今は経済的余裕がないからしばらく帰れない、いずれ帰郷するからと言った。シングルマザーは、子どもが生まれる前から絶えず無数の悲しみに直面しなければならないのだ。

幸い娘は私のおなかにいたとき、たまにおなかを蹴るくらいでずっとおとなしく、私を困らせることもなかった。生まれた後も、おとなしくて可愛い。

その年、北京の夏はとりわけ暑くて、四十一度以上の高温が続いた。私の住居には、エアコンがなく、全身にあせもができてしまった。

出産のとき、お金を節約するために古ぼけた民間の病院に入院した。医者はいい加減で、命というものに関心がなかった。私が破水して二時間たっても分娩室に入れず、分娩室に入ってまもなく、痛みもわからなくなり、ほとんど力もなくなって、親子ともどももう少しで死ぬところだった。

医者が赤ん坊を引っぱり出したとき、私は命が離れるのを感じ、体がふわふわと漂うような感じがした。私はなんとか目を開け、五体満足な娘を見て、とても嬉しく安心して横になっていられた。体は弱っていたが幸せだった。

娘は生まれつき栄養失調で、痩せこけていて、生まれたときは二・五キロしかなかった。娘を丈夫にしようと栄養たっぷりのものを食べさせ、常に娘を散歩に連れ出した。

一瞬にして私は少女から母親に変身していて、夢のようだった。目が覚めたら突然、大人になっていて生まれ変わっていた。

四

私の勤める会社の社長は女性の気持ちがわかる男だった。私がシングルマザーであることを見抜いたのは、彼だけだった。ある日、彼は私をオフィスに呼び、助けが必要なことはないか、と尋ねた。私は逆に訊いた。

「どうしてそんなこと聞くんですか」

「僕の勘が当たっていれば、君はシングルマザーだろう」

「その勘は違っています」

「間違っていないさ。君を助けたいだけだ。べつに下心があるわけじゃない。ただでというわけでもない。君は努力が必要だ。いわば能力と金銭の交換さ」

「何と交換するのですか？　私をどうしようというのですか？」

「君の体をどうこうする訳じゃない。君の能力と誠実さを買うんだよ」

「具体的に言ってください」

「金を出すから、重慶へ行って欲しい。そこに僕が経営しているブティックがある。北京のブランドを代理販売しているんだ。君は四川出身だし、人柄も良いから重慶の店長にぴったりだ」

人のめがねにかなうのは悪いことではない。チャンス到来となれば、これを逃す手はなく、私は承諾した。お金のためではなく、自分の能力が発揮できる場を求めていたのだから。

社長は、私の口座に五万元振り込み、子どもを都江堰の実家に預けてから、重慶に行くようにと言った。私はアパートを解約し、まだ三か月余りの子どもを連れて実家に帰った。両親をごまかしきれないので、自分がまだ結婚していないことを話した。両親は未婚の母となった私を大切に思うがために、とても心配した。両親は結婚証明書を命のように思っていて、心配のあまり数日眠れなかったそうだ。それでも最終的には理解してくれ、子どもの面倒を見てくれることになった。

重慶に着くと、社長がすでに私を待っていた。彼は、私を重慶事務所の責任者として紹介するため飛行機で来たと言った。私は今回の抜擢に感動していた。社長みずから私の部屋探しをし、ちょっとした家具もそろえてくれた。その数日間というもの私をレストランでの食事に連れ出した。そのほかにも様々な口実を設けて二人で一緒に過ごした。

世の中にただの食事はない。彼が私の人柄を評価するのも私を気に入っているだけだからとは思っていなかった。私が独身で寂しがっているのに目をつけたのだ。彼は次第に私を誘惑するようになった。男の誘惑は目的がはっきりしている。私は傷つくことが怖かった。たとえ彼が独身だったとしてもつき合う可能性はゼロで、きっぱり断った。私の感情は半分は死んでいて、半分は子どもに注がれていた。

社長が北京に帰った後、私は重慶にそう長くはいられないだろうと思った。案の定、三か月の研修期間を終えたころ、社長は遠まわしに君の優れた才能を埋もれさせないためにも大企業に移った方がいいと言った。

この数か月間、私は子どもに会いたくてたまらなかった。仕事のため、業績を上げるため私は我慢し、子どもには三回しか会いに行かなかった。私は店の管理以外に、商品を十五軒の店に売り込んだ。だから私は男が言う「抜擢」と「お払い箱」の意味を良く知っているつもり。男が何か企んでいるときは神様のように扱うけれど、その思惑が外れると目ざわりな存在となるのだ。

私は頑張ってきた店を辞め、重慶を離れた。少しも後悔はなかった。すぐに子どもに会いに実家へ帰った。実家ではつつましく暮らした。私が帰ってきたこと、子どもがいること、シングルマザーであることを人に知られたくなかったのに幼馴染の男にすべて知られてしまった。

彼は大学を卒業した後、故郷に戻って政府機関に勤めていた。中学校時代から私に気があった。私を追い回し、毎日家まで来て、シングルマザーでも構わない、娘も実の子同然に面倒を見るなどと言われても、未熟な男の一時の衝動での言葉などあてにならず彼を受け入れる気などなかった。

でも両親は彼との仲を取り持とうとした。私と同級生であり、同郷で、幼馴染だから、彼と結婚すれば間違いないと思っていたからで、彼の態度を見て、私もつき合い始めた。

母は嬉しくてたまらず、彼を婿だとみなしていた。ところが確かな恋愛段階に入る前に私たちは喧嘩をした。我が子のように扱うと言いながら、子どものことで少しでも我慢しようとすることがなかった。子どもに少しの愛情もなく、どう可愛がれば良いのかさえわかっていなかった。

何よりも問題だったのは、結婚したらすぐ自分の子を望んでいることだった。私は自分すら生きていけるのかどうか危ういのに、もう一人産めるわけがなく、つき合い続けたら、二人とも傷つくと思い、結局、彼と別れることにした。

五

娘が一歳になると、母に娘を預けて、再び一人で北京に出た。大学時代の先生の推薦で、その先生が株主でもある専門学校に勤め、生徒募集を担当した。

仕事を始めたばかりのころは毎日娘のことを思って、ぼんやりしていることが多く、我慢できなくて、休暇を取って実家に帰ったこともあった。そのとき北京で娘と一緒に暮らすという思いきった考えが浮かび、母にも北京に来て、娘の面倒を見て欲しいと頼んだ。結局、母が折れてくれた。

こうして私たち家族三人は北京に落ち着いた。働き手は私一人だったので、収入も少なく経済的にはきつかった。私はクラブでもアルバイトもして、朝八時に地下鉄に乗り、夜十二時に帰宅する毎日だった。

クラブではよく男にからかわれ、セクハラにあったことさえあった。それでも娘のために我慢して仕事を続けた。

私は娘と母に普通の生活をさせる、北京に根を下ろす、という誓いを密かに立てた。一人の若い女が高齢者と子どもを連れて、北京でまあまあの生活をするのは、容易なことではない。母が子どもの面倒を見ながら家事をするのは体力的にきつく、時間を節約するため、私はよくサツマイモを鍋いっぱいに煮て、三人で二日間過ごしたこともあった。

住宅環境が悪く、切り詰めた生活と衛生状態の悪さからひどいインフルエンザにかかったこともあった。三人が同時に倒れ、面倒を見てくれる人もいなかったため、家で横になって、自分の抵抗力でウイルスに勝つしかなかった。三食ともある物ですませ、食べないことやお粥だけのこともあった。そんな生活を今思い出すと本当に恐ろしい。三人とも死んだとしたら一か月たっても誰にも知られなかっただろう。

娘がだんだん歩けるようになり、言葉をしゃべるようになった。彼女は私のすべてだ。娘は父親そっくりなので、いつも私に彼のことを思い出させた。でも私は彼とはまったく連絡をとっていない。彼は駅での一夜で妊娠したことさえ知らない。

私はこうして北京で二年間辛抱した。

私はどんなに苦しくても、疲れても泣かなかった。ところがある日、私は激しく泣いた。その日、娘が外で友だちと遊んでいたとき、近所の二つ年上の男の子に鼻血が出るほど叩かれ、その上、父親がいなくて誰にもかまってもらえないくせに、と言われたというのだ。娘は泣きながら家に帰ってきて、どうしてパパがいないの、パパがいればいじめられないのに、と言った。そのとき私は娘を抱き上げてこらえきれずに泣いた。母も泣いていた。

北京での二年間、愛というものに出会うチャンスは何度かあったけれど、私とは無縁のものとしていた。一年で三百万元以上を稼ぎ、北京に家も車も持っている投資家とは、あるパーティーで知り合った。彼は何か月もの間私に連絡をくれていたし、電話で食事に誘い、毎日のように私にメールを送ってきていたけれど、私は心を動かさなかった。

私の大学時代の先生がちょうどその年に離婚して、私はほかの先生を訪れた際、彼と出会った。その後、数回会い、彼は何度も求婚したけれど、私は承知しなかった。

北京で不動産屋を経営する男もしばらくの間、私に迫った。私に会おうと家の前で、夜明けまで待っていたこともあった。それでも私は断った。

私は恋に落ちることが怖くて、結婚する勇気もない。娘の父親に未練があるうえ、ほかの男が娘を可愛がるはずはないと思うからだ。

はるかに遠い将来のためならば、目の前の幸せを逃しても、実現不可能かもしれない結末のためにシングルマザーでいたほうが良いと思っている。

中国の住宅事情

一九四九年の建国以来およそ三十年間、中華人民共和国では住宅は基本的に職場などから割り当てられるもので、福利厚生のひとつだった。定職に就いていれば、使い勝手はさておき、少なくとも住む場所の心配をする必要はなかった。一九八〇年代になってから、改革開放経済の進展や老朽化した住居への対策として、政府は個人で住宅を購入できるよう制度を改めていった。売買される住宅を指す「商品房」（商品としての住宅、の意で日本の分譲住宅に相当する。ほとんどが高層ビルのマンション形式）という言葉も生まれた。住宅の支給制度は二〇〇〇年に廃止された。

とはいえ、中国では土地は個人のものではないので（都市部では国、農村部では農民団体が土地の所有者）、家を購入する場合は戸建てであれマンションであれ、土地の使用権を取得することになる。使用権は、住宅として使用する場合は七十年、事務所などとして使用する場合は五十年である。制度上は更新もできることになっているというが……。

分譲住宅が商品化され、二〇〇〇年頃になると大型の住宅（平均百四十一㎡）が増え価格も高騰した。庶民には到底手の届くものではなかったので、二〇〇六年には「すべての都市不動産が開発するものの七〇％以上が九十㎡以下でなければならない」とする「国六条」が制定されている。金持ちが投機目的でマンションを買いまくったのが高騰の原因とも言われている。

主に二〇〇八年の北京オリンピックや二〇一〇年の上海万国博覧会に向けた開発で不動産が値上がりし、投機目的の売買（日本の〝バブル時代〟よりも、かなり過熱気味のようだ）も目に余る状態となったため、政府も介入せざるを得なくなり、国務院は二〇〇七年十二月、主要都市に調査団を派遣し、不動産売買が適切に行われているかを調べた。

たとえば二〇〇三年から二〇一五年までの北京の分譲住宅の一㎡あたりの価格の変化を見てみると、二〇〇三年：四千七百三十七元、二〇〇四年：五千五十三元、二〇〇五年：六千七百八十八元、二〇〇六年：八千二百八十元、二〇〇七年：一万千五百五十三元、二〇〇八年：一万二千四百十八元、二〇〇九年：一万三千七百九十九元、二〇一〇年：一万七千七百八十二元、二〇一一年：一万六千八百五十一元、二〇一二年：一万七千二十二元、二〇一三年：一万八千五百五十三元、とうなぎ上りである（二〇一五年時一元＝二十円弱）。

住宅の広さは、都市部においては百㎡超が三割前後を占める。二〇一五年度の一㎡あたりの相場は、北京で三万四千九百二十五元（六十六万四千円）、上海で三万六千百四十三元（六十八万七千円）、広州で一万七千一元（三十二万三千円）、大連で一万二十九元（十九万一千円）となっている。直轄市ではあるが内陸部に位置する重慶では六千九百三十七元（十三万二千万円）と、沿岸部の三分の一程度にとどまる。主要百都市の平均値は一万八百九十九元（二十万七千円）である。

たとえば日本の床面積基準で見た場合、二〇一五年の七十五㎡のマンションの購入価格は、東京都区部では六千五百四十七万円、上海では六千八百七十万円とほぼ同額に近い。ただし単純に比較することはできないだろう。物価や平均収入が大幅に違うのはもちろんだが、日本との大きな違いは次の二点である。まず、中国では建築面積にバルコニーや共用部（エレベーター、廊下など）も含まれるので、実質的な床面積は日本の七〇～八〇％程度となる。次に、一般的にはコンクリート打ちっぱなしのスケルトン状態で購入者に引き渡された後に、内装は個人の好みで仕上げるので、更に費用がかかることになる。

　中国のごく普通の庶民にとって、大都市の中心部でマンションを購入することは夢のまた夢、といっても過言ではないが、都心部は無理としても、かなり郊外（上海ならば嘉定や青浦あたり）に行けば、半額くらいになることもあるそうだ。

　結婚＝住宅購入という価値観が浸透しているため、住宅を購入する年齢層は三十代が最も多いが、ローンに苦しむ人々（「房奴」と呼ばれる。収入の半分以上をローンに当てている）も増えているという。サラリーマンの平均給与で比較すると、年収は日本の三分の一ほどだが都市部のマンション価格はほぼ同額のため、単純計算すれば日本の三倍の負担額ととなる。二〇一五年の相場によれば、たとえば上海で百㎡のマンションを購入するとなると、その金額は年収の四十四年半分（三百六十一万元）で、ローンを組むとしても年収の十三年分に当たる最低三〇％の頭金が必要となる。

　中国国家統計局が二〇一六年九月一九日に発表した主要七十都市の八月の新築住宅価格指数によると、最も上昇率が高かったのは福建省アモイの四十四・三％だった。北京や上海などでも二〇％以上値上がりしたという。投機目的の売買も少なくないようだ。

　中国にも賃貸のアパートやマンションはあるが、こちらも大都市の中心部では賃貸料が高額であるばかりか、大家の都合で値段を釣り上げられたり、急に退去を命ぜられたりするケースが珍しくなく、借り手の立場はかなり弱く、特に都市部での住宅の確保はそう簡単ではないと言えるだろう。


（鷲巣益美）

僧侶と恋に落ちて

取材場所：広州市天河区のマクドナルド及びＱＱによるインタビュー
取材相手：Ｊａｎｙ
年　　齢：二十四歳
略　　歴：大学卒業、広州の某企業に勤務。取材時は失業中。

一

幼かったころ、私が言うことを聞かないと母はいつも「いい子にしていないと、年とった坊さんのお嫁さんにしてしまうよ」と言って叱った。あのころの私は「年とった坊さん」とは何なのかまったくわからなかったけれど、母の口ぶりから恐ろしいものだと思っていた。

科学では解き明かせないことがあって、民間信仰では母親はむやみに子どもを叱ってはいけないとも言う。その言葉が的中して不思議なことが起きるかもしれないからだ。まさか我が身に母の言葉通りのことが起きるとは夢にも思わなかった。大人になった私はふとしたことから、年の離れた僧侶を愛してしまった。

その僧侶とは湖南で知り合った。

私は大学を卒業して半年間、長沙、広州、深圳と駆けずり回ったのに仕事は見つからなかった。どうにもならなくなって、いっそのこと死んでしまおうと思ったこともあった。でも金のない若い女はそう簡単に死ぬこともできない。農薬を買うにもお金が要るし、睡眠薬ならば更に難しい。飛び降り自殺なら金はかからない、というかもしれないけれど、若い女は醜い死に方をしたくないものだ。ゆがんだ死に顔は静かに眠っているより何倍も恐ろしいから、私は自殺を思いとどまった。

体は両親にもらったものなので、私は故郷に帰ってから身の振り方を決めようと思った。父は膝と肩の慢性関節炎で半ば寝たきりで、急に会いたくなり、バスに揺られ、惨めな気持ちで故郷に着いた。

私は父のために薬用酒を買い、懸命にさすってみたものの、やはり効き目はなかった。これでは役立たずの厄介者だ。いくら実家でも、大人になって稼ぎもなければ手に職もないとなれば、ただの居候だ。経済的に困っていると自然に顔色も悪くなるし、気分も晴れない。鬱々としていると、近所の女の友だちが近場の観光地に遊びに行こうと誘ってくれた。ちょうど私も日常から逃げたいと思っていたので、喜んでついて行った。

日帰りできる距離の場所だったけれど、私たちは観光地近くの旅館に泊まることにした。あの晩は何にも邪魔されることなく、世間の喧噪も聞こえない静けさのなかで、心地よく過ごすことができた。こんなところで一生暮らせたら、食べていけるだけで十分だと思った。大学を出たことは無駄だったのだろうか？　豚のように単純なことで満足するのだから。

友人は、こんなところが気に入ったのなら、尼さんにでもなってしまえば、と言った。

「ここに尼寺があるの？」と聞き返すと、彼女は「尼寺はないけれどお寺はあるわ。この山の向こうよ」と言った。

「明日、見に行きましょう」と言うと、彼女も退屈していたのか、即座に「いいよ」と答えた。

翌日、朝食を食べて荷物をまとめ、寺のある山へ向かった。友人は迷信深く、歩きながら両手を合わせ、平安、商売繁盛、快適な暮らしをお守りくださいなどと小声で祈っていた。私も真似をして心の中で、楽しく生きられるなら、たとえ三十歳までしか生きられなくても構わないと願った。

山を越え小道を歩いていくと、目の前に荒れ寺が現れた。古典小説に描かれるような古くて壊れたままの赤い塀と静寂さ、人影もなく荒涼とした様子、妖怪でも出そうな陰鬱な雰囲気が漂っていた。寺の門をくぐると中は意外に広く、大きな広場があり、外とは別世界のようだった。何人もの若い僧侶が掃除をしたり、檀家らしき人と話をしたりし、それぞれ忙しそうにしていた。

本堂に向かうと、そこでは細身の僧侶が木魚を叩きながら耳慣れないお経を上げていた。私たちは場違いなところへやってきた気がして、どうして良いかわからなくなった。その僧侶は四、五十歳で、お経を上げるのをやめて私たちに声を掛けてくれた。

友人が和尚様、私たちはお参りに来ました。金運のおみくじは、どのように引いたらよろしいでしょうかと言った。

私は和尚様、私は自分の寿命を知りたいのですと言った。

僧侶は手を合わせ、私に向かって「南無阿弥陀仏、それはそれは。お悩み事があるのなら、仏様に話して御覧なさい。さすればご加護がございましょう」と言った。

僧侶は血色のよい、慈悲深そうな穏やかな表情をしており、立ち居振る舞いには力強さがあった。

彼は友人におみくじの筒を渡し、引くよう促した。彼女は仏様の前で願い事を思い浮かべながら筒を振った。おみくじの棒が一本出てきた。僧侶はおみくじの記号に対応する文言を友人に説明した。話し方は流暢で自信に満ち、急に彼が少林寺の僧侶に見えてきた。少林寺の僧侶よりは品が良かったけれど。

私がおみくじを引こうとすると僧侶は、「あなたはお見受けするところ、今日は気分がよろしくないようです。無理に引くことはありませんよ。仏様に平安だけをお祈りすれば良いでしょう。平安であれば成果は後ほど現れてきます。何ごとも自分だけで悶々としてはいけません」と言った。

この僧侶は優しくて思いやりのある人だ、と好感を持った。そのとき友人がろうそくと果物を買ってきて仏様にお供えしよう、と言った。私もうなずいて立ち去ろうとすると、僧侶が私たちを呼び止めた。「あなたたちはお疲れでしょう。ちょっと休まれた方がよろしい。お茶をお持ちしましょう」

彼はお茶を淹れながら「心は幾多の環境で変わると申しますが、その変化には奥深いものもあります。流れに身をゆだねれば、その性質が見極められ、喜びも憂いもなくなるでしょう」と言った。その話はよくわからなかったけれど、たぶん先人の言葉を引用して私に人生の哲理を教えてくれようとしたのだろう。お茶を飲みながら、自分が彼を信頼し、尊敬の念を抱いていることに気がついた。長年清浄な世界にいて、世俗に無関心で、逍遥自適、相手の地位や財産で態度を変えることなく、自然な精神状態を保っていることは人生の理想の境地だと言えるだろう。

私は次第に気持ちがほぐれてきて、気分がよくなったので、おみくじを引いても良いかと尋ねた。「心からそうおっしゃるなら、引いてみてください」と僧侶は言った。

仏様の前にひざまずき、自分の前途と恋愛について知りたいと念じ、筒を振るとおみくじが一つ出てきた。それを慎重に僧侶に渡すと、彼は奥の部屋から白い紙を取り出してきた。それには「起却回頭，有恨無人省。揀尽寒枝不肯栖，寂寞沙洲冷」と書いてあった。私にはわからなかったので、どう解釈するのか尋ねた。すると「目の前にある生活を大事にしないと、過去を振りかえったときに悔いが残る。それは何の役にも立たない。絶えず求める欲望は、永遠に満たされることはありません」と説明してくれた。さらに「あなたが身近な因縁と持っているものを大切にすれば、前途について悲観することはありません。努力を続ければそれなりの成果が得られるでしょう。恋愛と結婚に関しては、目の前にいる男性を大事にすることです」と言った。

私は困惑した。恋愛はしていないし、身近な男性などどこにいるというのだろう。僧侶は、こうも言った。「その人はすでにあなたのそばにいるかもしれないが、あなたも相手も気がついてはいない」

あれこれ考えてみたが、私はどうにも思い当たるふしがなかった。信じられず、理解しようとも思わなかった。しかし僧侶のこの予言は、後になって的中した。

この寺の環境が気に入り、僧侶にも好感を持ったので、お昼は寺の精進料理をいただいた。不思議ではないか？　この世の中には本当に縁というものがあるのか、あるいはこの寺が辺鄙なところにあるからなのか、この日は私たち以外に一人も参拝者はいなかった。

帰ろうとしたとき、突然机の下から鳥のさえずりのような音が聞こえてきた。携帯電話の着信音だ。

この寺の環境には不似合いだった。僧侶でも携帯電話を持っているとは、なんて場違いなのだろう、と思った。まるで年寄りがネットで恋愛でもしているような変な感じがした。これで僧侶に対する好感度は一気に下がってしまい、私たちはいとまを告げた。

僧侶は二枚の名刺を取り出して私たちに手渡した。それには「湖南省鍼協会理事・漢方経絡研究会会員」と書いてあり、何かあればいつでも来てくださいと言った。不思議だったけれど、目の前がぱっと明るくなったような気がした。あの人は鍼がわかる、しかも協会の理事だという。でも電話番号の交換はしなかった。

二

母が結婚にそれほど関心を持っていなければ、この偶然の出会いは次第に忘れ去られるはずだった。家に戻るや、母が「仲人婆さん」の言葉に乗せられたのだろう、こう言った。「あなたにぴったりのお相手だそうよ」相手の男は大学こそ出ていないものの、町役場の文化所長になっていて、知識も仕事への気力も申し分なく、しかもちゃんとした地位にもついている。つまりは、結婚相手として私にはとても良い相手ということなのだった。

私は母に言った。「良いかどうかなんて興味はないわ。どうせすぐ広州に行くんだし、一度ここを離れたらいつ帰って来られるかわからないわ」

母はひどく怒った。「都会で一人で生きる力などお前にあるものか。そんな娘が、よい暮らしをしようとしたら、愛人になるか、金持ちに嫁ぐしかないだろう。それこそ千一夜物語のような夢物語だよ」

私もかっとなって母に言い返した。「そんなに嫁ぎたいなら、自分が嫁げば。私は全く興味がないし、会うのも嫌！」

母はますます怒りをつのらせたけれど、父と二人で私を説得しようとした。父は関節痛をこらえていたので、それを見ているのは辛かった。

「娘の結婚をいい加減に決めて、私が将来不幸になったら誰が責任を取ってくれるの？」

「お相手との干支を占い師にでも見てもらえばどうかねぇ。相性が良ければつき合えばいいし、駄目だったら広州へ行けばいいじゃないか」と母が言った。

母はほとんど学校に行っておらず、こういう迷信は彼女にとって科学に匹敵した。私は軽蔑するところを猿知恵が働いて、これを利用して母を諦めさせようと思った。占いで相性が悪いと言われれば、母は何も言わないはず。もし会うことになったとしても、何か方法を考えればなんとかなるだろう。それで母の言うとおり占ってもらうことにした。

翌日、急に不安になった。相性が良いといわれて、うまいこと細工をしてもらえなかったら、おしまいではないか。どうしたものかと迷っていると、父の苦しむ声が聞こえてきた。母に尋ねた。「どうして医者に診てもらわないの」「あちこちの医者、ほとんどに診てもらったんだよ。お金だってずいぶん使ったんだ。でもどの医者も嘘つきで、山のような漢方薬を処方しただけさ。西洋の薬も飲んでみたけど治らない。こういう病気は鍼でしか治らないそうだけど、どこに鍼の名医がいるのやら。

鍼灸医も回ってみたけどどれもやぶ医者でね」

母は鍼という言葉に非常に敏感になっているようだった。ふとあの僧侶の名刺を思い出した。「鍼協会理事」と書いてあった。あのお寺に行ってみようと思った。見合いのことは、あの僧侶に相性が悪いといってもらい、それから父の治療に家まで来てもらおう。母に鍼協会の理事の僧侶が治療に来てくれるかもしれないと言うと、母は喜んで神さまのおかげだと言いながらも、こんなところまで来てくれるだろうかと心配した。私は必ず連れてくるからと約束した。

寺は相変わらず荒涼として、人影がなかった。僧侶は前と同じように本堂で読経していた。あたりにお茶の香りが漂っていた。

私は見合い相手との相性がよくないと言って欲しいこと、父の治療に来て欲しいことを大汗をかきながら僧侶に話した。彼は「相性のことは嘘をついてはいけません。悩み事があれば仏様にお話しすれば、平安を守っていただけるでしょう。お父さんのご病気の治療はお引き受けいたします」と言った。そして私に干支を仏様の前に置かせて、事の次第を言わせておみくじを引かせた。それには「梁山泊と祝英台」と書いてあった。私はしまったと思った。梁山泊と祝英台の物語は誰でも良く知っている。母はこれを見たら前世からの因縁だと考えるに違いない。

亀の甲より年の功というが、僧侶は私の考えを見抜いてこう言った。「あまり心配しなくて良いですよ。仏様はお互いに好きであれば良縁だが、無理やりもぎ取られた瓜は甘くないと言うでしょう。つまり無理やり結婚させても良いことはないと告げているのです。梁山泊と祝英台は相思相愛の仲。無理に結婚しても悲劇の結末を迎えるだけです」

僧侶はこうも言った。「このくじには、結婚は当人同士が決めることで、親は勝手に決められないという意味もありますよ」

「和尚様、お手数ですが、それを何よりも母に話していただけますか。午後、下山できますか」

「お茶をお飲みなさい。昼食もここで召し上がってください。寺のあとのことを片付けてから出かけましょう」

私は「ありがとう」を繰り返した。食事が用意されるのを待つ間、私は寺の中を一回りしてみたけれど、一人の参拝者もいなかった。汗で湿った肌着が冷たい風でだんだん乾いてきた。それから寺の門を出て、小道を散歩してみてもやはり人影がなく、私は急に怖くなってきた。

本堂に戻ると二人前の精進うどんが出来上がって、湯気を立てていた。僧侶は座っておあがりなさい、と言った。私は先ほどの恐怖を思い出し、うどんに薬でも入ってはいないかと心配になった。そこで私はこう言った。「熱いのが苦手なので、冷ましてからいただきます。どうぞお先に」

僧侶は「薬の用意をするのでちょっと失礼します」と言って奥へ入って行った。

その間に私は急いで二つのうどんを取り替えた。お碗も中身も同じだから、きっと気づかないだろう。

間もなく彼は戻ってきて、早く食べましょうと言いながら食べ始めた。一口食べたのを見てから私も食べた。食後、すぐに山を下りた。

その道すがら僧侶の優しい心遣いに、私は彼を疑ったことを恥じ、信頼しようと思った。ここまで人から優しくされたことがなかったからだ。

三

家に着いたとき、午後三時を過ぎていた。まさか私が僧侶を連れて帰るとは思っていなかった両親は、あたかも救世主を見るかのように喜んだ。僧侶は母に結婚相手との相性について説明した。母はいつもと違ってそれをすんなり信じた。

それから僧侶は父の鍼治療を始めた。彼は父に力を抜いて横になるよう指示し、病歴や痛むところを尋ね、肩と両膝をマッサージし始めた。しばらくしてから慣れた手つきで鍼を取り出し、一本一本ツボに刺していった。あんなに深く刺しているのに、血が一滴も流れないなんて不思議だ。父も痛いと言わなかった。三十分後、鍼を一本ずつ抜いた。父は少し楽になったようで、僧侶と談笑していた。

私たちは僧侶に夕飯をご馳走しようと思ったが、暗くなる前に帰らないと山道を歩けなくなると言った。母は私から僧侶に渡すようにと五百元を赤い紙に包んだ。僧侶は受け取ろうとせず、押し問答の際に僧侶の手が私の手を握った。私はすぐ手を引っ込めた。彼は四十八歳。その手は意外にすべすべしていた。ビリッとしたような気がした。お金を受け取ってくれれば、それからのことは起きなかったかもしれない。お礼のお金はかたくなに拒んだのに、数日置きに父の治療に来てくれた。

二か月後、父の病状はずいぶん良くなったので、私は広州に戻って仕事を探すことにした。出かける前、僧侶は参拝者のお布施だといってビスケットとオレンジを持ってきてくれた。仏様のご加護があったのか、今回は広州での仕事も順調に見つかった。ある冷凍食品会社の販売部経理助手で、二千元の基本給にボーナスと歩合給もあり、まかないつきの寮に入ることができた。

私はこのことを僧侶にメールで知らせた。僧侶からは「よその土地での一人暮らしは大変だから体に気をつけて」と返信があり、「香港のある商人に治療を頼まれた。来月、広州に行くかもしれない」とも書いてあった。

僧侶にもう接触してはいけない、彼は父と同い年だし、何よりも愛情とは無縁の仏門に帰依した人なんだからと、私は自分に言い聞かせた。でも運命は拒否できないのかもしれない。十二月のある金曜日、彼は本当に広州にやってきた。商人の治療が終わってから電話をくれ、私の顔を見たいし、鍼治療の本をあげたいのだという。「万が一私が死んでも、お父さんの治療をあなたがしてあげられるでしょう」

父の病気はだいぶ良くなっていて、痛みで呻くことも少なくなったが、完治したわけではなく、天気の悪い日は関節が熱を持った。あの僧侶が、父のことをそこまで気にかけてくれていたことに私は感動した。私は会うことを承知した。でも僧侶とのデートなどありえない。どこにも行けないではないか。どこに行っても人目がある。人の視線は彼への思いをそれ以上に発展させないだけの力があるから、そうすればよかったのかもしれない。

でも私は、自分の寮に僧侶を呼んでしまった。しかもルームメイトが不在の日に。

彼は住所を頼りに尋ねてきた。僧侶の衣を身にまとい、その姿には清潔感があった。私の心臓は太鼓を叩いているようにどきどきした。彼は恥ずかしそうに入ってきた。私はどうぞお掛けくださいと言ったけれど、僧侶は困っているようだった。部屋に椅子がないからだ。ベッドに座ってくださいというと、彼はぎこちなく腰掛けた。茶葉がないことを忘れていて買いに行こうとすると、私の服を引っぱるようにして彼が引きとめた。「いいですよ。すぐ帰りますから」そのとき少しTシャツがずれて肌があらわになった。僧侶は手を離し、顔を真っ赤にした。やはり買いに行こうとしたら、後ろから私を抱きすくめ、振り向かせてキスをした。あまりに突然のことで、心の準備もなかったので私は混乱した。力いっぱい彼を押しのけ、「何するの！　和尚様のすること！」と言って部屋を飛び出した。近所にスーパーはなく、少し離れたところにある小さな店でようやくお茶を買って部屋に戻った。もう僧侶はいなかった。ベッドに本が置いてあり、それは彼が筆写した『鍼学』という本だった。「今日のことは謝ります。出家した者のすることでありませんでした。仏様の許しを請うばかり。でも、あなたが好きだということは本心です。自分を大事にしてください」というメモが残されていた。

本とメモを見つめ、私は茫然としていた。大学三年生のときに同棲していたけれど、こんなにどきどきしたことはなかったし、同棲相手と別れたときも今日のように心は乱れなかった。その後、私は何回か『鍼学』の本を読もうとしたが、その度に僧侶の姿が目に浮かび、彼の優しさを思い出してしまった。愛情を抱いてはいけない相手なのに、どうしてこうなったのだろう。

彼からはことあるごとにメールが来た。世俗と縁を切ったはずの男なのだから、と私はなるべく考えないようにと自分を抑えていた。

四

日々はゆっくりと過ぎていき、旧正月になった。その年は特に時の進みが遅いような気がした。私は休暇を取り、早めに故郷に帰った。私が安定した仕事に就き、父の病気もだいぶよくなったので、母は今までになく機嫌が良かった。

元日、母は父と上司への挨拶に出かけた。私も誘われたが断った。母はふと、もし用事がないなら和尚様のところへ贈り物を届けて、お布施もいくらかしてきなさい、と言った。それは私も考えていたことだったけれど、敢えて面倒くさそうに「母さんがそう言うなら行ってくる」と言った。

寺に着いたとき、彼は門の前を行ったり来たりしていた。

「きっと来ると思っていました」

私の心を見抜いていたのだろうか。私は彼にお餅を渡し、中に入ろうとすると、彼が引き止めた。

「今日は参拝者が多かったから、煙でいっぱいです。あなたの家に行ってお父さんの治療をしてあげましょう」

両親が上司へのあいさつに行ったことを私が告げると「それなら、私の岳陽《ユエヤン》の家に行きましょう」と言い出した。

「お坊さんなのにどうして家があるの？」

「私は十九歳で出家しました。兄は交通事故で亡くなり、姉は河南《ホーナン》に嫁ぎました。両親は七年前に亡くなって、実家を継ぐ者がいなくてね。だから実家に仏様を祀って、ときどき患者の治療もしていたんです」

彼の話を聞いて、好奇心にかられたけれど、山道を登ってきた私は、両足が痛くてこれ以上歩けそうもなかった。彼は私が疲れているのに気がついて、果樹園に行って一休みしようと言った。彼が植えたのだそうだ。「数十本のスモモと桃の木があるから、実がなる頃にまた取りに来るといい。私は身寄りがないので、自分の死後はこの果樹園をあなたに任せたい」

私は驚いて、「何を馬鹿なことを言い出すんですか」と声を上げた。

一キロほど楽な下り坂を歩いて果樹園についた。そこには池もあり、昔は魚を養殖していたそうだ。池からさわやかな風が吹いてきて、空気が新鮮でまるで仙境のようだった。この果樹園を眺める彼の目は明るかった。彼が振り向いて私を見た。私が彼をずっと見つめていることに気づき、ちょっと恥ずかしそうに笑って立っていた。沈黙がしばらく続いて、ほとんど同時に二人は手を広げて相手を抱きしめ、キスをした。

私は思い出したように「お坊さんなのに、こんなことをして。ほかのお坊さんもこんなことをするの?」と聞いた。「そんなことはありません。私は出家前に一度失恋して、それから数十年、あなたに会うまでこんな衝動にかられたことはなかった。私は未熟者です」

さらに好奇心で聞いた。「あの若いお坊さんたちは、こっそりと彼女とつきあったりしないの?」

「それはないでしょう。この話はここまでにしましょう」

彼からは独特な香りがした。木の香りに茶の葉の香り、それに青草の香りも混ざっているような匂いだった。私は彼との恋愛が続くわけがないと言った。年の差は別として、彼は僧侶なのだ。人に知られたら大変で、地獄に落ちるだろう。

「還俗できないの？」

「考えたことがありません」

「私たちどうすればいいの」

彼は俯いたまま無言で涙ぐんでいた。

「私のせいです。あなたは悪くない。私が未熟者なのです。明日になったら私のことは忘れてください。私は山寺で仏様の罰を受けます」

彼との関係をこのまま続けるのは怖かったのに、本当にその関係が終わってしまうのかと思うと、胸が痛くなった。

そのとき母から電話がかかってきた。母は泣き叫んでいた。父が交通事故にあって危篤だというのだ。それを聞いた瞬間、私はそのまま動けなくなり、涙があふれてきた。

「どこの病院？」

「岳陽人民医院よ」

私たちはすぐに病院に向かった。病院に着くと、医者が母と叔父夫婦に話をしているのが見えた。

「我々はできる限りの努力はしましたが……」それを聞いて私は頭の中が真っ白になった。

気がつくと、私は病院のベッドに横になり点滴を受けていた。そばには僧侶の彼だけがいた。私が気がついたのを見て、ほっとした口調で「やっと気がついたね」と言った。私が母たちがどうしているかを聞くと、お父さんの葬儀の相談をしていると言った。私は布団を払いのけ、点滴をはずして病室を飛び出した。彼が呼び止めた。「今は会えないよ。警察が検死をしている」私は病室に連れ戻され、大声で泣き叫んだ。誰かにすがりついて泣きたかった。でも病室にはほかの患者がいて、とても彼にすがりつくことはできなかった。

五

後で母から聞いたところでは、頭蓋骨損傷で、救急措置をしたけれども助からなかったそうだ。交通事故で亡くなると、検死の後、十日以内に葬儀をしなくてはいけないことになっていた。旧正月の十日、大通りにも路地にも晴れがましく喜ばしい雰囲気が残るなか、私たちは父を荼毘に付した。こんなときに僧侶の彼が支えてくれなかったら、母も私も倒れていたと思う。家の大黒柱を失い、母もリストラされており、私はのしかかってくる重圧で崩れそうだった。

初七日を終え、私は広州の仕事に復帰しなければならなくなった。広州へ行く前に、私は意を決して母に僧侶との事を告げた。母はひどく怒った。「お前、気でも違ったのかい。あの和尚は母さんと同い年だよ。年齢は別としても和尚じゃ結婚できないじゃないか。もうあの和尚と会ってはいけないよ」

私は広州に行くことを彼に言わなかった。しかし駅に行ってみると遠目に彼の姿が見えた。彼の僧侶姿は人ごみの中でも目立った。私たちは歩み寄ったが、何も話さなかった。周囲の視線は不思議なものでも見るように私たちに注がれていた。

待合室で彼は一枚のカードを取り出し、私に言った。「掛け軸を売った金が三万元あります。このカードに入っているから、使ってください」私が遠慮して受け取らないでいると、彼が怒った。「あなた以外に私には親族がいないのだから、金は私には意味のないものです」

押し問答の末、私は「私たちに将来があるなら、一緒になったときにもらいます」と言った。彼は「将来が存在するかどうかは関係ありません。日々を大事に暮らしていてこそ、命を尊重することになるのですから」と言った。

日々を大事にするといっても私は毎日自分を責め、ただ死に向かって進んでいるだけだ。

出発の時刻が近づき、私が立ち上がったとき、彼は荷物を持ってくれていた。人目を気にした私は、見送らないでと言った。坊主頭の彼はどこから見ても僧侶だった。私は車両の一番奥の窓際の席に座った。その窓の外には彼がいて、静かに私を見つめている。

私に残された選択肢は二つ。ひとつは、彼にもう二度と連絡しない。もうひとつは、勇気を出してちゃんと彼を愛していくことだ。僧侶ということ以外、ほかの男に劣るところはないのだから。

列車はゆっくり動き出した。私は彼の目が潤んでいるのに気づき、携帯電話で彼にメールを送った。「岳陽の家の住所を教えて。三日以内にどうするか決めます」彼の返信には「縁があれば住所など要らない」とあった。

彼は私と別れる決心を固めたようだ。それが幸せか不幸か、私にはわからない。わかっていたのは、彼を忘れることはできないということだった。

三日後、私は仕事を辞めて岳陽に戻った。彼の家を見つけられなくても、寺はわかる。突然現れた私に彼は何も言わなかった。その夜、彼の家に行った。私は彼に身をゆだねた。広州にはもう帰らない。これからはここが私の家だ。そう、私はいつでも愛という名のお布施を請いに来られる。

二人の愛情は確かめられたけれど、新たな葛藤が生まれた。僧侶とは結婚できない。結婚しなくても良いとして、普通の家庭を持てるのだろうか、子どもは持てるのだろうか。やはり死後は、私か彼が、あるいは二人とも地獄へ落ちるのかもしれない。

中国における通信手段の変遷について

一九七〇年代後半まで、中国の固定電話の普及率はわずか〇・三八％しかなく、電話回線網も未整備だったので、電話をかけるために郵便電話局に並ぶ人たちの長い列がよく見られた。その後、通信設備や電話回線の増設により固定電話が一般家庭にも普及し始めるが、依然として決まった場所で連絡を待たざるを得ないことや、出先に必ずしも固定電話があるとは限らず、大変不便で、経済活動が活発になりつつある中国において、より機動的な通信手段に対する需要が出てきた。

一九八〇年代初期、ポケベルが上海で個人の通信手段として中国民衆の日常生活に登場した。固定電話と違い、決められた場所で待つ必要がなくなり、コンパクトで携帯に便利だったため、すぐに消費者に受け入れられ、「伝呼機」、「尋呼機」という呼称以外に、着信音によって「ＢＰ機」という親しみやすい名前もつけられた。また、香港映画の影響で「ＣＡＬＬ機」というおしゃれな呼称もつき、「有事您ＣＡＬＬ我」（用があったらコールミー）は流行語にさえなった。

初期のＢＰ機は技術的制約もあり、発信者の電話番号を表示する機能がなかった。呼び出しを受けると、固定電話からコールセンターに電話をかけ、発信者の電話番号あるいはメッセージを確認するという使い方だったが、八〇年代末から九〇年代初期には、アルファベットと数字の表示が可能になったため一気に普及した。一九九三年前後、新たに漢字表示機能を備えたＢＰ機は大人気となり、ビジネスマンを中心に中国全土に広がった。当時のＢＰ機はモトローラ、ナショナル（現パナソニック）などの海外ブランドしかなく、一台数千元もする高額商品だったため、それを持っていることがステイタスシンボルとなった。

この漢字表示機能付きBP機のブームにより、BP機市場に変化がもたらされた。一部の中国メーカーはBP機の開発生産を始め、低コストによる低価格という戦略で国産品の市場占有率を上げることを目指した。初期費用を千元台、あるいは更に低く抑えることで、海外ブランドも巻き込んだ価格競争が始まった。国産メーカーが次第に増え、BP機はようやく一般市民にも買える価格で販売されるようになった。そして単なる通知手段としてだけではなく、天気予報やニュースなどの情報サービスも始めた。九〇年代末、BP機は全国で六千万件以上のユーザーを持ち、中国は世界で屈指のBP機大国となった。

BP機とほぼ同じころ、八〇年代後半から携帯電話も中国に導入されていた。一九八七年、最初に中国に入った携帯電話はやはりモトローラの製品だったが、携帯電話といっても携帯性がほとんどなかった。大きいものは約一キロ、小さくても五〇〇グラム以上ある上に、値段は三万元以上もする高価なものであった。土地使用権の値段が一㎡で千元もしなかった当時、買うことはおろか、見ることさえ稀な貴重品だった。だから大きくて高価な携帯電話を使えるのはトップに立つ人だということで、初期のこの携帯電話は「大哥大」（ボス、兄貴）という名がつき、「手上大哥大腰間BP機」（手に大哥大、腰にBP機）というのは、ビジネス界で成功した人を形容する表現となった。ただ、初期の携帯電話は値段の割に機能性があまり優れたものではなかった。大きなバッテリーとアンテナがあるうえ、通話可能時間が三十分程度で、電波も不安定なことが多かった。大哥大を耳に当て、「喂！ 喂！ 聴不清，再説一遍！」（もしもし！ よく聞こえないからもう一度言ってくれ！）と大声で叫ぶオールバックでスーツ姿の男は、今ではおかしく思えるが、そのころは憧れの対象だった。

その後、通信技術の進歩とともに携帯電話も急速に進化していく。通話時間と音質は次第に向上しただけでなく、ＢＰ機と同じような液晶パネルで漢字表示ができるようになった。そしてノキア、モトローラなどの海外ブランドと同時に、熊猫（パンダ）、波導（バード）などの国産ブランドもシェアの一部を占めるようになる。後者はやはり低価格戦略をとり、値段は海外ブランドのほぼ半分以下にまで下がった。

二〇〇〇年前後はＢＰ機と携帯電話の転換期となった。ＢＰ機の使用者数はやがて減少に転じ、一方の携帯電話は極めてコンパクトな形と長時間通話が可能になって、使用者数は驚異的に増加した。すぐに通話のできる携帯電話と比べ、センターに問い合わせなければならないＢＰ機は、二〇〇七年、全面的に通信市場から姿を消した。

二〇〇〇年以降の通信手段は、携帯電話とインターネットを中心に展開した。Ｅメールは、電話など従来の通信手段に代わり、ビジネスだけでなく一般大衆も普通に利用するようになった。現在（二〇一六年）、中国におけるインターネットの利用者数は七億人にのぼり、普及率は五一％に達している。そのうちの九二％は日常的にスマートフォンでネットを利用している。ネット利用者は一〇〜三〇代が約七四・七％を占めている。そのなかでも二〇代が最も多く、総利用者数の三〇・四％を占めている（注１）。

日常の通信連絡はすべてSNSアプリ（Ｗｅｃｈａｔ、Ｗｅｉｂｏなど）を利用しているため、若者にとって従来の通信手段は遠い存在になりつつある。

（代珂）

注

1、『中国インターネット発展状況調査報告』CNNCC・中国インターネットインフォメーションセンター編二〇一六年

表一　中国におけるポケベルと携帯電話の使用人数（単位：万人）

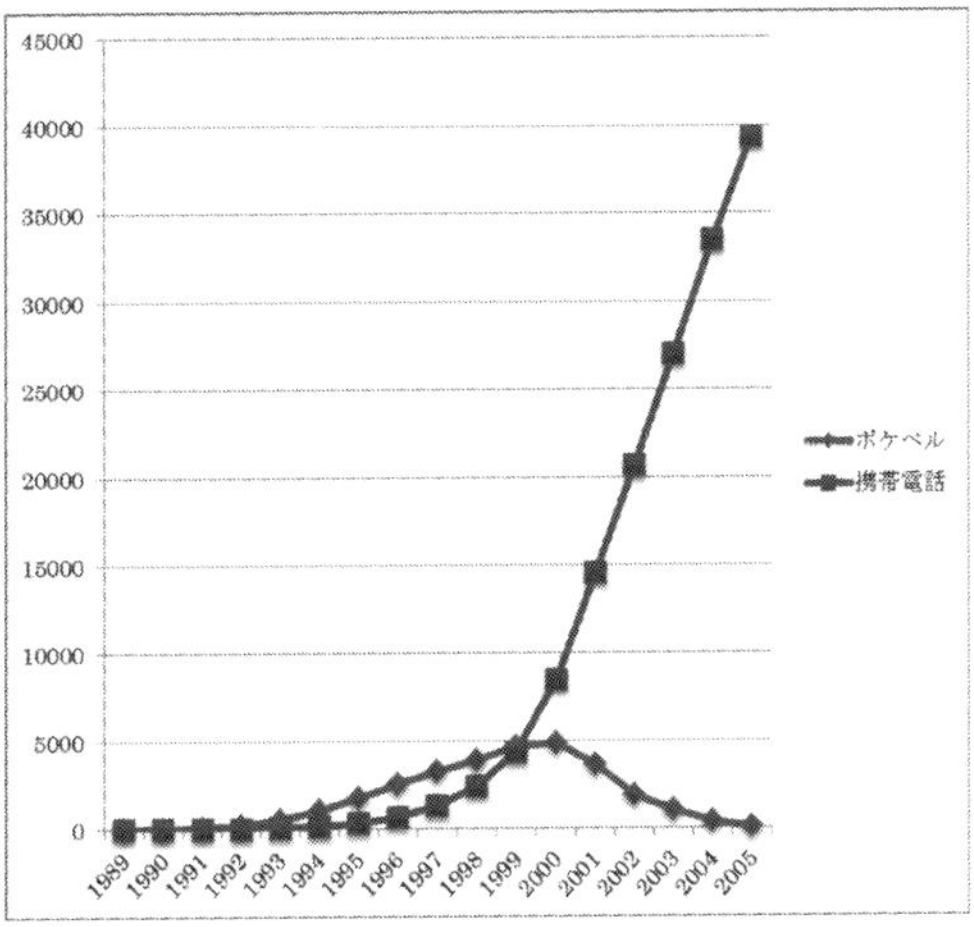

表二　2015 年中国主要都市のポケベルと携帯電話の使用人数（単位：万人）

	ポケベル	携帯電話
北京	0.1	1459.4
上海	0.1	1444.2
江蘇	1	2550
浙江	0.1	2686.3
広東	0	6406

（中華人民共和国国家統計局編『中国統計年鑑 2006 年版』、中国統計出版社、2006 年 9 月）

表三　一九四九年～二〇一五年の固定電話、移動電話の利用者数

単位　一台／百人

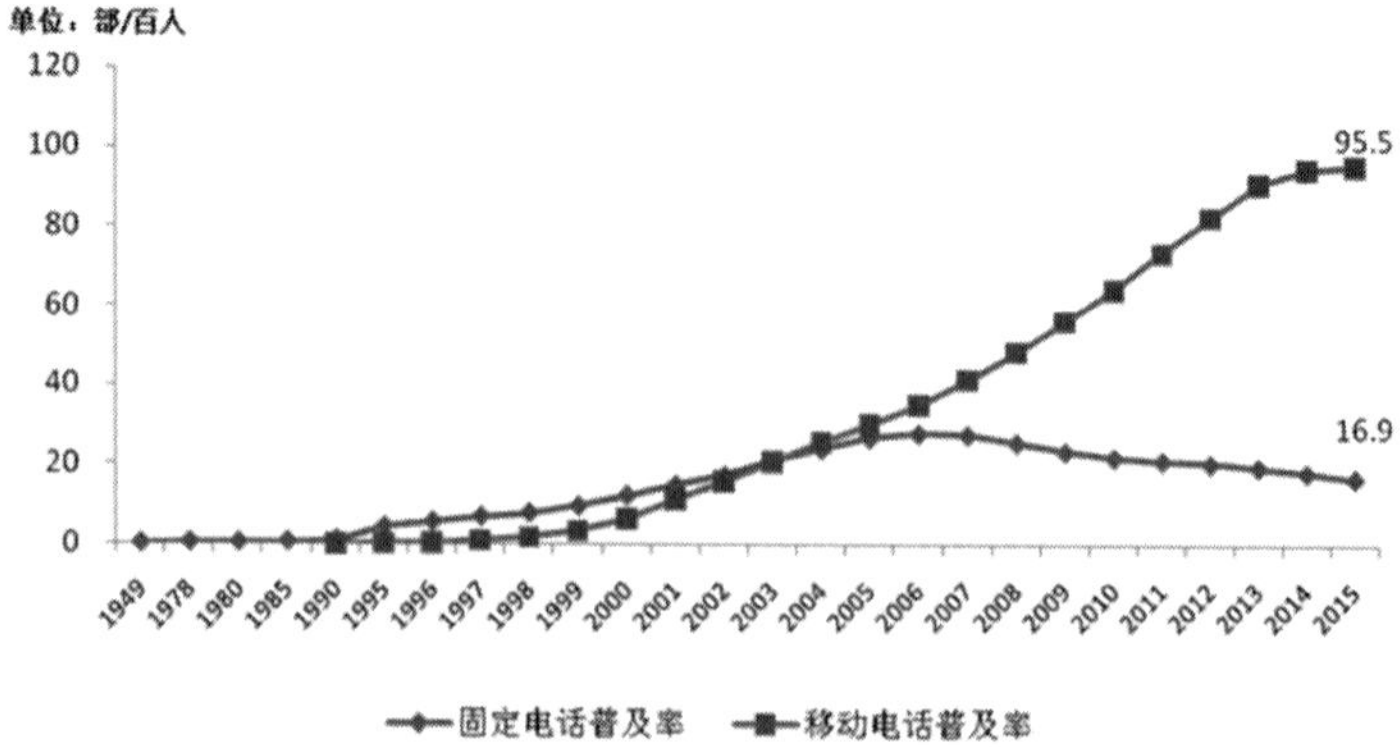

二〇一五年通信運営業統計公報（中国運行監測協調局）より

おとぎ話とは違ってた

取材場所：『深圳都市報』会議室
取材相手：鍾海燕《チョンハイイエン》
年　齢：二十六歳
略　歴：ブティック経営。

前途有望な帰国者との出逢い

「独身」という言葉には、結婚したことのある人もない人も含まれるのだろうか？　ならば私も独身だ。一生このままかもしれない。

私たちが知り合ったのは、私が最初の恋に絶望していた時期で、おとぎ話の世界から傷だらけになって這い出してきた頃だった。私は二十五歳になる前で、昔の童話作家が書いたおとぎ話のような恋愛に憧れ、自分もそうなるものだと信じていたので、出会った男性を白馬の王子様だと思いこんでしまったのだ。

彼は今もてはやされている留学経験者で、とある有名大学で博士号を取っていた。見た目が良くて地位もあり、礼儀正しかったけれど、すこし傲慢だった。でも王子様とはそういうものだと思っていたので、何でも彼の言いなりになっていた。彼と知り合った頃、私は五十㎡ほどのブティックを経営していて、毎日マイペースで自分の陣地を守っていた。彼はといえば、若くして課長級幹部となり、前途洋々だった。

おとぎ話のなかに真実はあるのか？

彼は私の店のお得意さんで、毎日のように店に来てスーツを買ってくれた。はじめは服のデザインや値段などの話をするぐらいだったのに、ある日突然、抱きしめられ、強引にキスされた。勝手なことをしないで、と抗議したら、白雪姫だってそうだろう、これが愛というものさ、と言われた。それが始まりだった。

三か月後、恋人同士になったときに彼は未着用の服を全部返してよこした。そのときから、もしかしたら私の愛情もその服のようにされるのではと考え始めていた。つき合っているとき、私はひたすら彼のことしか考えていなかった。彼にはブランド品を買ってあげたり、旅行に連れて行ったりした。車も買ってあげた。彼が私に買ってくれた服の総額は六千元、私が彼に貢いだ金額は車を除いて、六万元に上った。愛情も十倍は注いであげた。

ところがわずか半年で、他にも女がいることに気づいた。昼夜を問わず、彼の周りにはいつも美女がたくさんいた。私との食事中に五人の女から電話がかかってきたこともあった。私が文句を言う前に、彼はさっぱり家に帰って来なくなった。私は夢から覚める前に嫉妬深い女になっていた。

そもそも、おとぎ話なんてありえないお話。彼は王子様などではなかった。彼が女と富苑ホテルに入っていくのを見たときは、行くあてもなく駅前広場のバスターミナルでぼんやりしていた。

私には鳳凰のような涅槃が必要だ

苦しんだ後、次第に冷静になってきて、彼が私を好きではないことも、私を拒否していることも、一緒にいるのは不幸だということもよくわかっていたけれど、でも何とかしたかった。彼は悪い人ではなく、努力しようともしていた。でも私には吸引力が欠けていた。

一年後、おとぎ話の世界から連れ出してくれたのは、深圳へ旅行に来た人だった。その人はあの日、駅から出て来ると、ふらふらしていた私に、よりによって富苑ホテルはどこかと尋ねてきた。私はあの白馬の王子様に出くわすことを期待して、ホテルに案内した。でも奇跡は起きなかった。ホールにぽつんと取り残された私を見て、チェックインを済ませたその旅行客がまるで占い師のように「失恋でもしたんですか?」と聞いてきた。心中を見透かされたようで、少し驚きながら話をしてみた。

彼は気がきく人だった。青海省《チンハイ》のある大学の先生で四十六歳、四年前に離婚したと言った。私は多情な女ではなかったけれど、愛を失ったときに現れた希望を拒絶したくなかった。学会のため滞在していた二週間のうちに、彼は私に二度電話をくれた。私は生まれ変わった鳳凰のように、新たな光を待っていた。彼は青海に帰る前の日に遊園地に連れて行ってくれた。

彼が列車に乗り込んだときに私は泣きだしてしまった。彼にもう会えない、彼のような他人の気持を理解し、心の広い人には二度と会えないと思ったからだ。私は愛がわかる人に愛されることを求めていた。そのとき彼にキスをされ、何も考えられなくなった。男からのキスがこんなにも人を惑わせ、毒薬のようになるなんて夢にも思わなかった。

思いは一本の細い笛

離れ離れになった後、私の思いは一本の細い笛のようだった。いつ吹いても寂しいセミの鳴き声のような音しか出なかったから。

彼は相変わらずメールや電話をくれて何でも話せる間柄になっても、結婚はしたくないようだった。あんな経験はもうこりごりなのだという。一人息子が高校生なので深圳に来ることはできなかったらしいが、私にしても何にとり憑かれたのか、深圳から離れられなかった。

男はたくさんいるのに、なぜ彼なのだろう？　あれこれ努力したにもかかわらず、何にもならなかった。厄でも背負っているのだろうか、彼以外の男に魅かれたことはない。縁というものは、何らかの形式でぶつからなければ火花は飛ばないのだと悟った。その人こそが、前世で何度も振り返って見た人だったのだ。

私と彼は現代の織姫と彦星になることにして、たまに会っている。天上界での逢瀬は年に一度、でも私たちはそれよりは多い。七夕の伝説は小さい頃から知っていたけれど、まさか自分がおとぎ話の世界から神話の世界に来てしまうとは。神様も気まぐれなものだ。

欲張る女

取材場所：『深圳晩報』オフィスビル
取材相手：九妹《ジウメイ》
年　齢：二十八歳
略　歴：湖北省出身、深圳で洋服店を営んでいた。

一

私は二十歳のとき、恋人と駆け落ちして深圳に来た。彼は親の決めた相手と結婚し、数か月後に離婚を望んだが、双方の親が強硬に反対し、相手の女性も生きるの死ぬのと騒ぎ、ビルから飛び降りても離婚はしないと言い張ったそうだ。私たちは愛し合って四年になっていて、万策尽きて駆け落ちしか道が残されていなかった。

私たちは下沙村《シアシャツン》のあるアパートに落ち着いた。七月末、南方の天気といったら空気は流れる火のようで、部屋の中は圧力鍋のようだった。早く仕事を見つけて、それなりの社員住宅に入るのがいちばんの望みだった。一か月後、二人とも小さな会社でそれぞれ事務と営業の仕事に就いた。給料は安いけれど、ようやくまあまあの社員寮に引っ越せた。

今でも忘れないのは、初出社の日、武漢の露店で五十元で買ったいちばんのお気に入りの服を着ていったところ、同僚の女性が着ている洋服は何百元もする物だと後から聞いて、激しい劣等感に襲われ、彼女たちと口がきけなかった。このとき、私は他人と同じレベルの生活を手に入れようと誓った。

待ちに待った給料日、でも社長からあれこれ天引きされ、手取りは千元にも満たなかった。綺麗な服を二着買おうと思っていたのに、この額では食べていくにも足りなく、すっかり気落ちしてしまった。〝窮すれば変化を思う〟で、私は勤めるかたわら、もっと給料のいい仕事を探し始めた。

年末になっても良い仕事は見つからず、そのうえ彼は旧正月の前にリストラされてしまった。人並みの生活を目指して、私たちは一攫千金を目論んだ。会社が取り扱うオフィス用消耗品を社長から借り、自分たちで売ろうと考えたのだ。社長に何度も頼み込み、ようやく保証金なしで三万元分の商品を借りることができた。

運が良かったのか、商品が売りやすかったのかわからないけれど、なんと数日で商品を売り切り、初めての大金を前に私たちは眠れないほど興奮した。最初から社長を騙すつもりではなかった。でもこれまでのひどい扱いを思い出し、私たちは〝やるならとことんまで〟とばかり、一万元だけ返して逃げ出した。全額持ち逃げしなかったのは、大ごとになるのを恐れたからで、仕入れ値はせいぜい一万元だから、元金が戻れば社長も警察沙汰にはしないだろうと踏んだのだった。

二

逃げた私たちは新秀村《シンシウツン》に移った。初めて悪事を働いたので恐ろしくなり、毎晩よく眠れなかった。夜中にギョッとして跳び起き、激しい動悸に襲われもした。パトカーのサイレンを聞くたびに、自分たちを捕まえに来たのではとビクビクしながら過ごしていた。

持ち逃げした二、三万元は家賃と敷金を払い、家具とそれぞれ服を二着買ったら、数千元しか残らなかった。それからまた一年間黙々と働いた。でも丸二年たっても二人の貯金は一万元に届かなかった。不正に得た金なので、残金には手を付けられなかった。もし金が貯まったら社長に返そうとも思っていたし、万が一病気になったときのためにと取っておいた。

そのころ、ビル開発が盛んになり、大勢のホワイトカラー層がマンションを購入するようになった。自分のマンションがあれば、安心できるうえ胸を張って歩けるけれど、郊外の普通のマンションでも、頭金だけで六、七万元は必要で、私たちには気の遠くなるような数字だった。若い女性に金がないのは仕方ないとしても、彼は一人前の男のくせに、二年経っても落ちぶれた惨めな暮らしのまま、ぼろ靴さえ何度も修理して履いていた。これではこの先も見込みがないと思い、私は別れる決心をした。七月のある日、私の方から彼に別れを告げ、一人で出ていった。

私は郊外の龍華鎮《ロンホワチェン》のアパレルメーカーで販売の仕事を見つけ、彼に見つからないよう連絡先をすべて変えた。そのころの最大の望みは、マンションが買える恋人を見つけることだった。今度の会社の社長は、まだ三十三歳と若かったが、すでに妻子がいた。驚いたことに、私は彼の奥さんにそっくりで、彼は勿論のこと、奥さんまでが「不思議ことがある」と驚いていた。この偶然から、私は彼の一家と親しくなっていった。社長は私のことを気に入り、ある接待の席に私を同伴させた。帰りに社長が私を送っていく途中、こっそり私の手を握ってきた。私は他人の家庭を壊すつもりなど毛頭なかったけれど、社長の愛人になればマンションの頭金を出してくれるかもしれないと思うと、どうしても自分の願いをかなえたくなった。気に入った相手同士、利害も一致、無理強いされたわけでもないし、大したことでもない、何事も経験が大切とばかりに私はずるずると彼とつき合うようになった。

三

何度かのデートの後、彼は私が大好きだと言った。それは私が彼に離婚を迫らなかったからだ。潮州人の彼は非常に家を重んじ、息子が生まれてからというもの、一切離婚は考えなくなったようだ。もう一つ彼が私を好きなわけは、つき合い始めてから彼の商売は上り調子で、古い取引先は安定し、新たな取引先も増え続けたからだ。私も彼を助けて何十万元もの取引を手伝った。それに対する感謝もあり、彼の方からマンションを買ってあげると言ってきた。場所は龍華ではなく、龍華から車で一時間余りの観瀾《グワンラン》という町だった。妻にばれるのが恐くて、わざと離れたところを選んだのだろう。もしかすると観瀾のマンションは比較的安かったのかもしれない。

私は持ち逃げした二万元のことを彼に明かし、返済に協力してほしいと頼むと、彼は前の会社の社長に連絡して持ち逃げ分を返済してくれた。私たち二人の関係は理想的だと浮かれていると、彼が八万元の頭金を払ったことから彼の奥さんにばれてしまった。財務管理を奥さんが担当していたが、普段は金の使い道をあまり気にしないため、多少使っても詮索されないだろうと彼は高をくっていたようだ。奥さんはこの金が不動産会社に支払われていることに気づき、彼が投資に使ったと思って問いただすと、その返事はしどろもどろ。調べると、マンションの頭金の支払いに使われただけでなく、マンションの名義が私になっていたことから、明るみに出てしまった。潮州の女性は夫に楯突かず、家のことだけに心をくだくと聞いていたのに、彼女は暴れに暴れて、家と工場の壊せるものはすべて壊し、私の姿を見るや殴りかかってきたこともあった。やむを得ず、彼と話し合って私は会社を辞めることにし、あとは天命を待つしかなかった。

しかし、家があるというのは、ないよりもストレスがずっと大きい。新しいマンションに移ってからは、彼とも連絡が取れなくなり、会いにも行けなかった。仕事も失い、収入はなくなり、どんなに美味しい料理を食べても美味しいと感じなかった。げっそり痩せた以上に辛かったのは、これからどうやって前へ進めばいいのか、まったく見当がつかなかったことだ。マンションを売り払おうとも考えたけれど、もったいなくてできなかった。仕事を探しても、私のキャリアと能力で貰える給料はせいぜい千元余り。一方、マンションのローンの支払いや、いろいろな費用を合わせて、毎月持家に使う金は二千元以上になるうえ、生活費はまた別だったため私は本当に追い詰められた。

私はマンション三部屋のうち、二部屋を貸し出すことにした。そしてその敷金と家賃で、ある辺鄙な場所に一軒の小さな洋服店を開いた。深圳郊外の洋服店はどこも売れ行きが低調だった。三か月後に決算すると、儲けはたったの二千元。これでは、普通に働いた方がまだましだった。自営業は儲けやすいと思っていたのに、楽ではないことがようやく分かった。儲かっていないにもかかわらず、周囲の人びとは私のことを、マンションを持っているうえ店もあり、まだ若いのに裕福な女だと羨ましがった。私の辛さは人には分からない。いつも夜更けに一人悶々としていた。

ちょうどそのころ、ある顧客が私が独身だと知って、猛アタックしてきた。実はこの男のせいで、今の私は無一文で住む家もなくなってしまったのだ。

四

この特別な客は黄《ホワン》という名の香港人だった。彼は観瀾で友人と一軒の軽食店を共同経営していたが、商売はずっと鳴かず飛ばずといった状態だった。それなのに彼はいつも裕福そうに振る舞い、香港の某会社の株券と二つの豪邸を持っていると吹聴していた。彼は自分では四十九歳と言っていたが、五十五以上に見えた。

始めは少しも好きではなく、ただ独身で子どもがいないという点が私の関心を引いた。いつしか私たちは関係を持つようになった。誰にも話したことはないけれど、私は彼という人物が好きなのではなく、香港人という立場に引きつけられていた。

彼は毎日のように、金を貯めたら私を香港に連れていって結婚すると口にしていた。私は鵜呑みにはしていなかったものの、それでもいつの日か香港の豪邸に住み、優雅な香港マダムの暮らしが送れたら、なんてすばらしいだろうと想像を膨らませていた。若い自分なら彼の心をものにできないはずはないし、それに子どものいない彼の財産はいずれ私のもの。それなら書類上だけでも正式な妻の地位を得たいとますます望むようになった。

彼はいつも、軽食店の経営が上手くいかない原因は、共同経営の仲間が資金詰まりで、店内を改装できず高級感がないからだと言っていた。そこで何度も私をこう口説いた。マンションを売り払って、店内を改装し、金を儲けたら店舗を高値で転売し、あとは一緒に香港に移ろうと。

当初、私は何を言われても同意しなかった。でも二人がそれぞれ別のマンションに住むのは実にもったいないと思い直し、彼には香港にも持家があり、遅かれ早かれ香港に行くのだからと再三、彼に唆され、とうとう私はマンションを売り払ってしまった。売却金の十万元はすべて店の改装のため、彼に貸した。彼は誠意を示すため、また私を安心させるために借用証明書を書いた。

金を手に入れると、彼は共同経営者に持ち分を放棄させ、その分の十六万元の借金を作った。店内の改装に二十日をかけて業務を再開したが、商売は相変わらずだった。私は内心焦ってはいたが、乗りかかった船をいまさら降りられない。私は洋服店を経営し続け、少しでも儲けるために必死で働いた。香港に移ったら前途は明るいと、私は望みを捨てずに彼を信じた。

彼と知り合って三年目の旧正月、私は故郷に帰省することにした。彼も私と一緒に行く予定だったが、その日が近づくと、香港の親戚が病気になったから見舞いに行かなければならないと急に言い出した。仕方なく私たちは分かれて年を越すことにした。旧正月からしばらくは売り上げが伸びないので、私は三月まで実家にとどまり、その後、観瀾に戻った。

部屋に入ろうとすると、入り口の鍵が取り換えられているのに気づいた。彼に電話をすると、電源が切られていて、店に行くと、店員が教えてくれた。彼はとっくに香港に戻り、店はもう他人の手に渡っていると。大家のところに行ってみたら、彼はすでに部屋を解約し、敷金も持っていったというのだ。

香港マダムになる甘い夢に浸っていた私は一瞬にして夢から覚めた。あの小さな洋服店のほかには、私には何も残っていなかった。

五

騙されたときの気持ちは言い表しようがない。私は香港行きの観光ビザを取得し、以前彼から貰った香港の住所を訪ねてみたが、そんな住所もなければ、そんな人も存在しなかった。彼の知り合いは、みな彼が香港で社長をしていると思っていたようだけれど、誰一人彼の行方を知らなかった。私は毎日のように彼を探し回り、商売にも身が入らず、のちには店も他人に譲ることになってしまった。

その年の八月、私はわずかな所持金だけで羅湖《ルオフー》区黄貝嶺《ホワンベイリン》村に来ると、ある香港人が経営する軽食店でバイトを始めた。ここは香港人の出入りが多く、直接彼を見つけられなくても、彼を知る人にいつか会うかもしれない、そう思ってのことだった。でも運命なのか悪事の報いなのか、いくら探しても、手掛かりは得られなかった。

考えれば考えるほど悔やまれる。自分の劣等感と虚栄心から、金持ちの暮らしに憧れすぎたせいで、八年たっても素寒貧のままだし、男にも騙されて破産した状態だ。私はあの香港人が憎くてならない。でもこの数年、私は自分自身をもっと憎んでいる。自分のことを話したのは、ほかの人が私の轍を踏まないよう願ってのことと、自分に対しての警告という思いからだ。時々、失った財産は学費として払ったと思って自分を慰めている。

二股の果て

取材場所：『深圳晩報』のオフィスビル
取材相手：秦香玉《チンシアンユ》
年　齢：二十八歳
略　歴：会社員、深圳在住。

一

最初の男は、私の前夫、若い画家。あの年の三月、深圳に来たばかりのころ知り合った。二人とも八卦嶺《バーグワリン》の同じアパートを借りていた。そこには共用の広い屋上があって、布団を干しに行く度に彼がそこで絵を描いているのを見かけた。

彼はラフな服装で、芸術家らしい雰囲気だった。服は汚れていることもあり、汗びっしょりになって描いていることもあった。とても格好いい。話してみたいと思うほど魅力を感じた。

始めの頃彼は傲慢で、相手にしてくれなかった。だから心の中で罵ってやった。レスリー・チャンにでもなったつもり、むかつく！

しばらく彼を無視していたら、彼の方から話しかけてきた。君、香港のスター、ビビアン・チョウに似てるよ。描いてあげる。しぶしぶ応じる振りをして、描いてもらうことにした。

彼は壊れかけた腰掛を持ってきて、私を座らせ、横を向いて遠くを眺めるようにと言った。イーゼルを置いて、コンテを削り、さっとデッサンを描いた。その彼の様子は味わいがあった。絵を手にとってよく見ていると、彼に対する好意が思わず表情に出てしまった。彼はひとことも言わずに突然キスした。

初めて男の人にキスされて、訳もわからず涙がこぼれ、その晩はずっとベッドですすり泣いていた。その後、彼に会うのが怖い一方、誘われることを望んだ。たとえ、彼に声を掛けられるだけでも、ドキドキするのに。男というものは全く訳がわからない。階段口で会うと、彼は何ごともなかったかのように、にこにこして私の肩をポンとたたき、颯爽と出かけていった。

七月のある日、彼が上半身裸になって屋上で絵を描いているところに出くわした。私は大胆にも、彼女はいないの、と尋ねた。彼は言った。美術学院のときはいたけど、卒業後は貧乏が原因で別れた。いまだに成功していないし、毎月二千元足らずの給料で恋人なんてできるわけないさ。私は怒って彼を責めた。じゃあどうしてキスなんかしたの？　気まぐれだったのね。彼は大笑いして言った。君が好きだからさ。

彼は間もなくアパートを出て、深圳で有名な油絵の村――大芬村《ダーフェンツン》へ行くと言った。そこは、元画家が恵州《ホイチョウ》の農村で開いた油絵の工房で、家賃も安いが手間賃も安い。その経営者は彼に油絵工房の管理を任せ、名画の模写を学生に指導して欲しいのだそうだ。

彼は言った。芸術をものすごく愛している、こんなやり方、芸術の量産なんか、軽蔑ものだよ。でも生きるために、稼いだ者勝ちのこの町で笑われないために、数年間はそこで働くことにするよ。芸術はときに低俗なものにひれ伏すしかないんだ。低俗と金とは仲良しだからね。

二

彼は出て行くとき二つの大きな旅行かばんを持ち、古い日用品と持っていけないものは私に残していった。彼は振り返ると手を振り、エレベーターに消えた。あまり元気がなかったが、あっさりしたものだった。

そのころ、私は携帯電話を持っていなかったし、彼の番号も知らなかった。

彼が行ってしまってから、何日も泣いていた。これは愛情のせいで、彼のことを思っているからだと考えた。

まさかそのまま連絡ひとつないとは思わなかった。その年の末、私は通信社のビルで広告会社の事務員になった。たとえ彼が戻ってきて私を捜しても、見つけられないとわかっていた。このあと、働きながら資格試験の勉強をするのに、ものすごく忙しかったから、彼への気持ちはだんだん薄れていった。

翌年の初め、内装会社の人事担当になった。もとの担当者は、仕事の引継ぎのとき非常に親切で、こまやかな心遣いをしてくれた。その人は私を好きだと言った。でも私は相手のことを何とも思っていなかった。感情とはおかしなもので、いろんな条件から見れば、その人はあの画家よりもよかった。でも私の心は画家に盗まれてしまったかのように、ほかの人に対して激しい感情が燃え上がることはなかった。

上には上があるのかもしれない。その人はほかの人に恋心を抱いたことはなく、深圳に来て何年にもなるのに私に対してだけだと言った。私がどんなに彼を拒絶し、彼の心を傷つけても、彼はこれまでと変わらずよくしてくれ、私はとても申し訳なく思った。

九月、社員旅行で番禺《ファンユ》に行った。途中でトイレ休憩したとき、私も数人の同僚と新鮮な空気を吸いにバスを降りた。

一緒に降りた同僚が冗談を言い、ふざけて追いかけっこを始め、一人が私を押した。よろめいた私は、もうすこしで道路の真ん中に転びそうになった。ちょうどそのとき、数台の自動車が猛スピードで走ってきたのに気づき、彼は私を救おうと急いで走ってきた。一台目の車はやり過ごせた。でも、そのすぐあとに二台目が一台目をよけようとしてこちらに向かってきて、ブレーキが間に合わず彼をはねてしまった。

彼は意識を失い、私は驚いて茫然とするだけだった。このあとのことは、思い出すたびに恐ろしくなる。

彼はすねを骨折したものの、命に別状はなかった。ただこのとき怪我をした左足は、傷が治っても力が入らなくなった。彼は最愛の人ではない。それでも命がけで私を助けてくれた人だ。二人とはいない。彼が入院してから、ずっと世話をし、経済的にも一年間援助した。

三

社長は彼に仕事を続けさせてくれた。社長は良い人だ。私や彼が苦労をいとわず働くので目をかけてくれ、何度も彼との間を取り持とうとしていた。社長は言った。もし、二人が結婚するなら独身用のアパートに住んでも良いと。

この年、私は二十四歳。この町ではまだ成熟した年齢ではないが、農村ではもう嫁に行けない大年増だ。祖母も母も結婚しろと催促する。実家では財産と権勢のある相手を捜してきた。その人はバツイチで、年は少し上だったが条件は良いし、公務員だった。

何度も催促されて面倒になり、命の恩人の彼と結婚することにした。家族を満足させ、生活の邪魔をさせないために。私は、彼と一緒に帰省した。家族は彼が足を引きずっているのを見て、あらゆる方法で結婚を妨害した。私たちの結婚はとても簡素に行われたが、結局、様々な理由で婚姻届を出さなかった。

深圳に戻って私たちは同居を始め、私は彼のものになる決心をした。

神様は意地悪だ。同居して初めて彼が交通事故の後遺症で、セックスができないことがわかった。彼は、事故の前は全く問題がなかったから、すぐに治るだろうと思って言わなかったという。私も彼を責めなかった。セックスレスであっても、彼の私に対する愛情は増す一方で、毎日私を失うことを恐れて、何でもやってくれた。

同居して数年間、あちこちの医者にかかってみたが、治らなかった。それでもは彼から離れようとは思わず、養子をもらおうと相談していた。

運命は人をからかうのが好きだ。三年後のある日、ある客の家の内装が終わったとき、その客が、大芬村で何枚か油絵を買って家に飾りたいと言った。会社に誰か絵の好きな者はいないかと、何気なく尋ねられて彼が私を推薦し、私は依頼主と大芬村に行くことになった。

村についたとき、日は暮れていたが年末間近で、村全体がにぎわっていた。何軒か店を回ったが、どこも裸婦の絵や粗悪な模写しかなく、オリジナルの作品がなかった。依頼主はあまり絵がわからず、もともと適当に数枚買って帰るということだったので、彼女を連れてもう何軒か回ってみた。

角を曲がったとき、突然よく知った男の姿を見つけた。相手もじっと私を見詰めていた。彼だ――六年前、いく晩も涙を流した初恋の相手だとわかったとき、私は目が潤んだ。

私の客は、それを見て一人で先に帰って行った。

彼がまだ結婚していないと知って、私は愛情と恨み、苦味と甘みを感じた。この気持ちは誰にもわからない。数年前のあのかたくなな気持ちはもうなかったので、素直にこう言った。あなたを愛しています。彼は相変わらず何も言わず、そっと抱きしめ、私の背中を叩いた。

四

画家はこう話した。恵州に行ってから、一年間絵の先生をして、大芬村に戻り自分の店を開いた。でも店の営業許可証は、他人名義のままで変更手続きをしなかったから、多くの人は彼の名前を知らなかった。

彼に尋ねた。恵州へ行ってから、深圳に私を訪ねて来なかったの？ 八卦嶺のあのアパートに来ていたら、少しはロマンチックだったけれど、彼は嘘をつけない人だ。当時はとても貧乏だったし、一度傷ついた愛情は心に押し込められて、もうそれを求めなかったんだ、と言った。

ここ数年、二人の女と付き合ったものの、結局別れたそうだ。縁がなかったのかも知れないし、神様がわざと彼を私に引き合わせたのかもしれない。長く抑えられていたせいか、彼に対する愛情が燃え上がった。

彼と密会して同居している男を傷つけたくなかったので、初恋の相手のことはすべて彼に話した。始めは辛そうだったが、彼自身、私に女として得るべき幸せを与えられなかったことに後ろめたさを感じていたと言い、彼の方から別れ話をきりだした。

これには私も後ろめたかったが、ようやく本当の愛を見つけ、こんなにタイミングよく現れた初恋の人を、今度こそ失いたくなかった。考えたあげく、やはり初恋の人と一緒に暮らすことにした。縁が逃げてしまうのを恐れるように、慌ただしく婚姻届を出し、式さえ挙げない結婚だった。

結婚後、もともと同居していた男とも連絡を取っていた。日曜日、よく彼の家事を手伝いに行った。夫は店を開いていたけれども、毎月の半分も深圳にいない。商売を広げて東奔西走し、香港へ行ったり、接待に行ったり、会合にも出かけて行った。私は体調を崩したこともあったが、世話をしてくれる人もいなかったとき、元同居人の男が電話をくれた。私は彼に世話をしてもらうことにし、夜も泊めてしまうことさえあった。

このことはすぐに夫に知れた。夫はこう言った。二人の関係は理解できない。すでに別れたのだからもう会うな。もしまた会ったら離婚する、と。

でも、命の恩人に冷たい態度をとるのは心苦しかった。私がどう釈明しようと、夫は彼と会うことを許さなかった。

結婚してわずか三か月で、私たちは離婚の手続きをした。私は何ももらわず前の男のもとへと引っ越した。不思議なことに、離婚後、元夫はどうしたことか手のひらを返したように優しくなった。彼は言った。よくわからないけれど君だけを愛している、別れたくない、と。

五

女というものは不思議だ。結婚していなかったときは、性的欲求を何も感じなかった。しかし、結婚すると、どうしようもないほど本能が働いた。最愛の人に対してはなおさらだ。

どう言えばよいのだろう。二人の男がいて、一人とは結婚しなかった、一人とは離婚した。二人とも私を愛している。私も彼らを愛している。流行《はやり》の言い方をすれば、私には二人の「愛人」がいる。

しかし、こういう愛も辛いものだ。元夫と会うとき、同居していた男は私を束縛しなかったが、彼がどう思っていたかはわかる。元夫も私が彼と同居していることを良く思っていない。この苦しみは運命《さだめ》だ。一方を失うことも、一方から逃れることもできず、いっそこのままでいくことにした。

あっという間に二年が過ぎた。この二年、元夫は、不思議なことに私を愛しているのに、復縁を持ち出すことはなかった。彼は言った。こういう関係の方が気楽で、毎日一緒に居ないのも悪くない。自由で何の束縛もないから。

同居している男は、自分の体が原因だとわかっているので、一途に愛してくれている。次第に前の夫との関係も理解し許してくれた。今では、この三角関係は仲のよい友人たちも認めてくれる。

年を重ねると、最も差し迫った問題は、子どものことだ。しかし、前の夫は復縁する気も、子どもを作る気もない。もし、子どもが生まれたら、また面倒なことが持ち上がると思っている。同居中の男はずっと子どもを欲しがっている。彼は子どもを作れないが、もし子どもができたら、その子を自分の子どもとして愛すると言う。私は二人の男の間で生きているが、貪欲でも移り気でもない。彼らの善良さに気持ちが動く。私はどちらも傷つけたくなかったし、自分の最愛なるものを失いたくなかった。結局、傷ついたのは私自身だった。

私は毎日幸福に暮らしながら、苦しみにもひたっている。そこから抜け出す方法がなく、別の生活を選ぶこともできないでいる。

この気持ち、どうすればいいの？

取材場所：『深圳都市報』会議室
取材相手：馬小菲《マーシャオフェイ》
年　　齢：三十六歳
略　　歴：私営企業社長、大卒、黒龍江省出身、深圳で十年生活、会社事務員、化粧品販売などの仕事に携わる。

最初の男　卑屈になって去って行った

私は一九九四年初めに深圳に来た。以来十年、シワが増え五官は成熟したが、深圳に対する愛情はますますぼやけてきて、わからなくなっている。

私は特に保守的で恋愛の情がわからない女ではない。教養や容貌、経済状況も中ぐらいだ。しかし、結局いまだ落ち着く先が見つかっていない。私は三人の男と同居したことがある。だが、苦しみながらも友好的に別れた。何度も反省したが、何が、誰が間違っていたのかわからなかった。

最初に好きになった男は、広東省梅県《メイシエン》出身で、いつも髪を短く角刈りにして、同僚や友人から小平《シャオピン》と呼ばれていた。私たちは一九九四年九月に知り合った。当時はニュース文化センタービルのグラフィックデザインの会社で働いていた。仕事は、請け負った印刷を印刷所に発注すること。小さな会社で社員はたった五人。雑用はみんな私がこなした。

社員や社長が請けた仕事を、私が印刷工場の担当者に連絡して書類を受け取りに来てもらう。その取り引き先の担当者が小平だった。

事務室にはいつもが一人残っていた。小平が来ると、いつもしばらく居座って話をしていくので、お茶を出した。彼は無邪気に感謝を示した。私は次第に彼に好意を持つようになった。

そのころ彼はバイクを持っていて、仕事が終わると私を迎えに来た。食事のあとはバイクで出かけたものだった。十年前、真新しいバイクを持っているのは私たちのような貧しい階層にとって、彼が安定した暮らし向きであることを象徴していた。彼の背中にぴったりくっついて、無意識に後ろからしっかり抱きしめた。その晩、彼を私の部屋に連れて帰り、私たちは同居を始めた。

小平は良い人だが、真面目すぎた。印刷工場の中で、彼の仕事は一番少なかった。だから給料も生活するに足りる程度でしかなかった。

彼の経済状況に私は無頓着で、始めからすべての感情を彼に注いだ。安定した暮らしのできる家庭に生まれた私は、子どものころから家事をしたことがなかった。しかし、彼のために家事をこなした。夜、彼の帰宅が遅いときも、一人で食事をする気になれず、彼を待って一緒に食べた。

およそ半年後、私は転職して、康佳グループに属する会社のデザイナーとなった。給料は三倍になった。ところが彼はこのとき失業した。

実際、深圳では失業はよくあることだ。私はそんなにつらいことだとは思わなかった。しかし二、三か月も仕事が見つからなかった彼は突然短気になり、卑屈になった。声を掛けられるだけでも気に障り、態度も乱暴になった。

一九九五年八月十二日、私はこの日を永遠に忘れない。その日、彼は朝出かけたきり、翌日の午前二時を過ぎても帰って来なかった。私は彼の友人たちに電話をかけて、彼の行き先を尋ねたが、誰も知らなかった。

三時ごろ、彼から突然電話がかかってきて、もう帰らないと言われた。理由を尋ねたが、彼は、理由はない、わからない、と言うだけだった。今日、龍華鎮《ロンホワチェン》の工場に仕事を見つけた、やっと「自立」できる、もうお前の庇護の元で暮らしたくない、これで安心してそれぞれの道を進めるだろう、と言った。

まさかこんな結末になるとは思わなかった。彼が私を捨てた理由は何なのか、どうして薄情になったのか、いくら考えてもわからない。

二人目　私がふった優秀な人

それは「若い男」で四歳年下だったが、背は私より四センチが高かった。私たちはこれを話の種にしては冗談を言った。二人の年と背丈の差が相殺されて、ぴったりのパートナーだと。

彼は素直な性格で、ある企業で編集の仕事をしていた。恋愛の日々は、ほとんど私が、彼の教育係だった。彼は長城ビルの一階、小さな部屋に住んでいて、入り口の檻で小犬を飼っていた。私は毎日仕事が終わると彼の家に駆けつけて、買ってきたソーセージを犬に二本やり、それから彼と一緒に十一時ごろまで、犬を連れて芝生で遊んで過ごした。

私が帰るとき、始めのうち彼は「送る」という発想がなく、時間になると犬を連れて帰って行った。だからバス停まで送るようにと言ったものの、彼が帰るときには年上の私が彼を送らなければと思った。こんなことを繰り返したある日、私は思い切って彼との同居を始めた。

その日々は、喧嘩もなく、それぞれに忙しくて、数日一緒にいることもあれば、週末やっと一緒に過ごせるということもあった。彼は弟のように思え、彼には私が姉のように思えただろう。ときどき冗談で自分の母親みたいだと言って、いつも私に遠慮がちだった。

一九九九年三月、彼は社長に認められて、社長補佐となった。会社の資産は二億元を超え、ある程度規模の大きい会社だった。彼は二十六歳、私はもう三十歳。彼は社長から大きな権限を与えられた。彼は若くて有望なことをより強く示した。それにひきかえ私は、職場のあちこちでいじめられて締め出され、その後辞職した。「家」にいて仕事を探しながら、彼の世話をした。

私が最も耐え難かったのは、彼の同僚の視線だ。彼らは完全に私を侮辱していた。陰で、うちの社長補佐はほかとは違う、普通は若い女を囲うが、彼は年増を囲っている、と噂された。きっと私が色仕掛けで彼を虜《とりこ》にしているのだろうとさえ言われた。彼は私を決して嫌いはしなかったが、気まずい思いで日々を過ごすことが多くなった。私は自尊心の強い女だ。この縁は始めから間違っていたのかもしれない。自分を責め、彼を避けるようになった。
ある日、私は勇気を持って彼に別れを切り出した。これ以上関係を続けたら、弦が切れてしまう。彼は同意しなかったが、私は決然と彼の元を離れた。

三番目の相手　年の差がありすぎて……

三番目は、すでにバツイチの四十歳の男。二〇〇二年八月のことで、私はすでに三十三歳。相手を探すのにも家柄の釣り合いが必要だ。彼は離婚しているが、私には二回同居した経験があって、おあいこだし、学歴や年齢、仕事はわりと近い。だから今がちょうど結婚によい時期で、落ち着き先ができるのだと考えた。

私たちが恋人同士となったある日、私は、羅湖《ルオフー》の落ちぶれた観光スポット「東方神曲」によく当たるすごい占い師がいる、と聞いた。好奇心から行ってみたいと思い、退屈でもあったので、彼を無理やり連れて行った。

普段なら私たちは迷信を信じない。しかし人は不思議なもので、気持ちに少しでも不安があると、無意識に迷信を信じることがある。占い師に二人の愛情のこれからを占ってもらった。運命のいたずらか、それとも占い師の虫の居所が悪くてわざとでたらめを言ったのか、それはわからない。占い師は私が「何人もの夫を持つ」運命だと言った。必ず二ダースの夫を経験する、つまり、私は二十四人の男の川を流れる運命だと言うのだ。「不惑」の男は帰宅後、考え込んでしまった。彼は私が以前二人の男と同居してうまくいかなかったということを連想して、ついには「運命を信じるべきだ」と言った。私の「何人もの夫を持つ」運命は、生まれながらのもの、自分は私の運命の中の通りすがりの客に過ぎない。痛みは短いに越したことはない。彼は別れを暗示していた。

この不惑の男は結婚して家庭を築くことを心から望んでいる。だから、私とではだめなのかと心配になったのだ。どうして私が家庭を望まないことがあろうか。女にだって家庭は重要だ。しかし彼は何かにとりつかれたように、あの占い師のたわごとを信じ、私とではダメになってしまうという結論をすでに出していた。

二〇〇三年の旧正月、一緒に過ごす約束をドタキャンして彼は突然、実家に帰らねばならないと言った。これは別れるための優しい策略だとわかったので、強いて追求はしなかった。無理やり求めてもダメだとわかっていたからだ。

この一年余りの間、私はますます愛情を、結婚を、落ち着く先を渇望していた。しかし真心を尽くしてくれる男と出会うことはなかった。周囲の女たちの中には、特に男の前で独身主義者であると公言する人がいるが、実際は私と同じで、内心はとても寂しく、私たちは若い娘《こ》よりずっと精神的慰めが必要なのだ。

私を含め多くの女たちは、深圳で苦しみながら真実の愛を待ち望んでいる。しかし、花は咲いても実は結ばない。結局、誰が間違っているのだろう？　私たち独身女性ではないと思うけれど……

街は輝いているけれど

取材場所：『深圳都市報』会議室
取材相手：許佳茗《シュジアミン》
年　齢：三十歳
略　歴：会社員、山東省出身、大卒、身長一メートル七十センチ、深圳に生活して四年、かつて深圳のあるウェブサイトで編集をしていた。二〇〇四年に上海に転居。

街は輝いている

二〇〇〇年十一月、私は深圳に来た。実を言えば、長い間好きだった同級生が深圳に来ていて、当時まあまあの暮らしをしていると聞いていたからなのだ。

深圳の人は、実際の生活が大変であっても、故郷に帰ってひとかどの経営者のように振舞うのが好きだ。どの人も故郷ではずば抜けた人材なのだ。私は深圳に来てから、この「公然の秘密」を知った。何年か前の「海外帰り」のように、外国でうまく暮らしていけず、貧乏になり落ちぶれて、生きていく方法もなく帰国したのに、愛国の仮面をかぶり、祖国を思うからこそ「祖国の懐に入る」のだと言って帰ってきた。多くの地方政府は、早い時期から「海外帰国組」の就職を斡旋していて、彼らを優遇する条件で起業の資金を貸し付けた。この社会は実に悲しい。詐欺師は雑魚だと罪が許されないのに、大物は大手を振って道を歩いている。

同級生を訪ねて、彼がＩＴ企業の普通のセールスマンに過ぎないことがわかった。権力も地位もなく、経済的水準は言うに及ばない。もちろん、私はこういうことを重視するわけではないが、こんな社会現象があるということを言っておきたいのだ。

もともと彼は私が深圳に来ることに賛成していたので、彼が仕事を紹介してくれると思っていた。まさか彼を訪ねたとき、「君の仕事は探してあげられない。自分で探すんだね」と言われるとは思わなかった。人なんて冷たいものだ。

失業が別れをもたらす

子どものころ学校の先生が言っていた。そこに来たからには、そこに根を下ろせ。私はひそかに涙を流して深圳に残った。深圳が好きだったからではなく、どうしようもなかったからだ。私はこの同級生の妹と同居した。彼女は私を慕ってくれ、兄との仲を取り持とうとしてくれた。

二か月後、私は仕事を見つけた。深圳のあるウェブサイトの編集だ。そのころこういう仕事はもっとも人気のある業種だった。収入もまあまあで生活も安定してきた。彼もすこしは優しくしてくれるようになった。

私は小さいころから内向的で、人との付き合いが苦手だ。彼と知り合って好きになり、彼でなければダメだと思っていた。彼に対する忠誠心に二心はなかった。私はこう思った。彼が私のことを好きでありさえすれば、今後落ちぶれたとしても彼と結婚しよう。

しかし思いがけないことに、サイトは儲からずじまいで、一年たたないうちに閉じられることになった。こうして私はまた失業した。

サイトで仕事をしたことのある人は、仕事を探すのも大体ネットに簡単な紹介を載せるものだ。ネットでの求職がうまくいく率は非常に低い。私も数百人の中のひとりに過ぎず、何の音沙汰もなかった。

何か月も仕事がなくて、彼はますます私に冷たくなった。毎日わざと私を避けていた。当時私は彼とその妹と同じ家に住んでいた。彼がどう考えているのかわからなかったが、私は問いただそうとは思わなかったし、その必要もなかった。

この状況で、私がもし彼と別れなかったら、まったく気が利かない女だ。自尊心なんてボロボロだった。私は仕方なく引っ越し、ある女友達とルームシェアをすることにした。これで私と彼とは違う道を行くことになった。

何度も職を変えるのは、良心を欺いて人を騙したくないから

のちに、私は深圳で六つの会社を渡り歩いた。それで私は棘があり、協調性がないのだと人に思われた。ある会社の面接では、これだけ多く職場を変わってきたとわかったとたん、問答無用とばかりに断られた。

どこに安定した仕事を求めない女がいるだろうか。本当に安定した仕事を渇望していた。給料は高くなくてもいい。生活するに足りればそれでよかった。しかし私が働いたいくつかの会社は、我慢ならないことをした。たとえばある協会は、展示会を行うとき、参加する企業は政府の資金援助を受けられると宣伝していたが、実は根も葉もない嘘だった。ある企業は、その協会が半官半民の組織だと信じて参加した。実際の活動は常に一人が計画して請け負い、協会の名をかたって、協会の名を傷つけ、いわゆる老練な職員があちこちで金を騙し取った。私は良心に背いてまで仕事をしたくない。このせいで私は不眠症になり、仕事を辞めることにした。すでに部屋代を払えなくなっていたけれど。

これでまた失業。私が深圳にきて三年間で六回目だ。今回の失業は年齢の問題があった。三十歳になると願っているものには手が届かず、手の届くものは気に入らない。多くの小さな企業は、人件費にコストをかけられない。むしろ卒業したばかりの若い娘を採用して、私のような大年増は採用しない。大企業はさらに難しい。たとえ機会があったとしても、敷居が高く、関門も多い。さらには人事担当者が賄賂をもらったり、コネを使ったりすることが多く、女の人事担当者だと妬まれることもあ

る。大企業に入るのは、深圳で良い男を見つけるのと同様にかなり難しい。

本当の愛には失望　深圳を離れる

私は深圳で八人の男と会ったが、一度食事をしただけで、その後連絡を取ることはなかった。今どきの男なんてそんなものだ。私を誘った男がどんな人か知りたい？

一人は三十九歳。中肉中背、紳士的に見えた。車で迎えに来てくれて食事に行った。本来、こういう男はなかなか悪くないと考えるべきだが、食事が終わらないうちに彼があからさまにあんなことを言うとは思わなかった。自分には妻子があり、愛人になってくれるなら、毎月数千元渡すし住むところも提供する。このとき、私はようやくわかった。今や愛人は商品になっている。直接「売る」か「売らない」かを尋ね、金額の駆け引きもできるのだ。

私はもちろん同意しなかった。金のために自分を商品にする人がいるが、私は餓死した方がまし。自分の尊厳や人格を傷つけたくはない。

別の恐るべき男は、会うなりこう言った。妻に対して愛情がなく、性生活もない。長く抑圧された「渇望」があるから、食事が済んだらホテルでベッドを共にしたい。たとえ「衝動の罰」を受けてもかまわない。私が同意しないと、彼はさらにこう言った。もし同意しないならこれ以上、一緒にいる必要はない。「男はそれができるから愛する。愛は生活していくことではない」と。

私は彼に言った。女は愛あればこそ行動するの。あなたは白日夢をみているだけよ。

またネットで知り合った別の男は、三歳年下で、結婚しているかどうかはわからなかった。私も彼もそのことには触れなかった。しかし食事をするとき、彼は私の物言いと振る舞いを真剣に見ているようで、割と良心的な人だと感じた。彼が言った。君は真面目だ。君のことが好きだけど、君は失業中だ。僕は君を養えない。騙したくないし、傷つけたくないから別れよう。

こうして、深圳というこの騒がしい町で数年間ずっと私は孤独だった。まだ決めていないけれど、いつか上海へ行ってみるつもりだ。

中国人の収入について

中国国家統計局が二〇一五年五月に発表した調査結果によると、非私営単位（農民・自営業・個人企業を除く給与所得者）の二〇一五年労働者一人当たりの年平均給与額は六万二千二十九元になり、前年度に比べ一〇・一％増加した。日本円に換算（一元＝十六円／二〇一六年九月現在）すると九十九万二千四百六十円、約百万円である。ただ、中国では複数の職を掛け持つことは珍しくないので、実質収入はもっと多いと思われる。

ただし中国では、地域や業種や性別による違いが非常に大きい。例えば私営単位（自営業・個人企業）では年平均給与額が三万九千五百八十九元で、前年度より八・八％上昇しているものの、非私営単位の六四％と、かなり低い。農民の場合、二〇一五年一人当たりの年平均現金収入は一万千四百二十二元である。地域間の格差も大きく、十万元以上の北京・上海は特別で、総じて東の沿岸部が平均より二割ほど高く、内陸部は二割ほど低い。『中国経済週報』（二〇一六・五・二四）によれば、職位による違いは中級以上の管理職の平均給与が十万五千四百七十四元に対し、末端の作業員は四万五千三百四十六元と、最高と最低の差が二・六一倍になっていると報じている。

二〇一四年の地域別職業別平均給与統計によれば、業種では金融業がトップで、次がＩＴ関係となっている。とくに北京の金融業は二十万元を超え地域別でも業種別でも群を抜いている。北京では研究・技術職、医療関係、文化娯楽、ビジネスサービスも十万元を超えている。上海では上記に加え、エネルギー、鉱業、小売りも十万元以上となっている。文化娯楽や小売りなどは大都市だからこその高収入で、地方との差が大きい。業種別の最低は一次産業（農業、林業、水産業、牧畜）で、約二万八千元と平均の半分にも満たないが、都市近郊では全国平均レベルに達しているし、一部の地域では富農も多い。

男女別で見ると、女性の割合は全体の四四・八％と高いが、給与水準は男性の七五～六五％といわれている。『北京日報』（二〇一五・五・三二）の全国アンケート調査によれば、上海では月の平均給与額が一万元を超える男性は二三・四％に対し、女性は九・五％と男性の半分以下という結果が出た。

給与収入の推移について見てみよう。十一年前の二〇〇五年の年平均給与額は一万八千二百元、二〇〇〇年は九千三百七十一元、一九九五年は五千五百元、一九九〇年は二千百十四元、一九八五年は千百四十八元。八〇年代の前半までは年一〇％ほどの増加だったが、八〇年代後半から約六～七年で倍増している。業種間の給与格差も年々大きくなっており、一九九〇年は業種別給与の最低と最高が平均の〇・七二～一・二四だったのに対して、二〇一五年は〇・五二～一・八五、つまり最高と最低の差が四倍近くまで開いている。

では物価の方はどうであろう。国家統計局の消費者価格指数によれば、一九七八年を一〇〇とすると、一九九五年は三九六・九、二〇〇〇年は四三四・〇、二〇〇五年は四六四・〇、二〇一〇年は五三六・一、二〇一四年は六〇六・七であり、同期間の給与額が百倍（一九七八年の六百十五元→二〇一五年の六万二千二十九元）になっているのに比べると、非常に低い上昇といえる。しかし実際は、社会構造の変化により消費環境が激変したため、九〇年代に入ると個人で負担する必要のなかった、あるいは負担額の少なかった住居費、光熱費、教育費、医療・社会保障費など新たな出費が生じるようになった。二〇一五年の消費支出（一人当たり）の内訳は食費三〇・六％、衣類七・四％、住居二一・八％、光熱日用品六・一％、交通通信一三・三％、教育娯楽一一％、医療七・四%、その他二・五%となっている。一方日本(総務省統計局家計調査年報二〇一五)は、食費二五%、衣類四%、住居六・二%、光熱日用品一一・七%、交通通信一四%、教育娯楽一三・七%、医療四・四%、その他(交際費など)二一%となり、住居費・光熱日用費・医療費・その他で両国の支出の差が激しい。中国人の支出の中で特に大きいのは住居費である。中国でも高物価の上海(人口二千四百万人)では、上海労働者の平均年収十万二百五十一元に対し新築マンションの平均価格は約四万元/㎡、八〇㎡だと年収の三十二倍、日本円にして五千百二十万円となり東京と変わらない。また中規模都市ながら国内でも非常に安いとされる山東省濰坊(人口九百二十七万人)でも、住民の平均年収三万千六十元に対し新築マンションの平均価格は四千四百四十六元/㎡で、もし八〇㎡なら年収の一一・五倍に相当する。

(土屋肇枝)

非私営企業業種別平均給与額（元）

業　種	2015年	2010年	2005年	2000年	1995年	1990年
全平均	62029	36539	18200	9371	5500	2140
農林牧漁業	31947	16717	8207	5184	3522	1541
鉱業	59404	44196	20449	8340	5757	2718
製造業	55324	30916	15934	8750	5169	2073
エネルギー関係	78886	47309	24750	12830	7843	2656
建築業	48886	27529	14112	8735	5785	2386
商品販売	60328	33635	15256	7190	4248	1818
交通運輸・郵便（2000年までは電子通信も含む）	68822	40466	20911	12319	6948	2426
宿泊・飲食業（2000年までは商品販売と同項目）	40806	23382	13876	7190	4248	1818
IT関係	112042	64436	38799	－	－	－
金融	114777	70146	29229	13478	7376	2097
不動産	60244	35870	20253	12616	7330	2243
ビジネスサービス	72489	39566	21233	－	－	－
研究・技術者	89410	56376	27155	13620	6486	2403
環境・公共施設	43528	25544	14322	9622	5962	2465
住民サービス	44802	28206	15747	－	－	－
教育関係	66592	38968	18259	9482	5435	2117
医療福祉・社会保障	71624	40232	20808	10930	5860	2209
文化娯楽スポーツ（2000年までは教育と同項目）	72764	41428	22670	9482	5435	2117
公共管理	62323	38242	20234	10339	5982	2170
国家公務員・政党職員	－	－	－	10043	5526	2113
平均に対する最高と最低の比率	0.52～1.85	0.45～1.92	0.45～2.13	0.55～1.45	0.64～1.43	0.72～1.24

求む！　休日の恋人

取材場所：『深圳晩報』のビル
取材相手：曹子美《ツァオツーメイ》
年　　齢：二十九歳
略　　歴：会計部門責任者、湖南省出身、サイトの主席情報官に携わる、現在、独身。

まさか未婚の母になるとは

私が深圳に来たとき、ちょうどネットが狂ったように発展した頃で、町中サイトの広告だらけ。適当な人数が集まればドットコム（.com）の会社ができた。グループをつくり、会員を集め、準備を着々と進めて、数年後にはナスダックに上場して儲けようと考えていた。どの起業家も狂騒状態で、私もその雰囲気に感染した。八か月の間に、五つのネット会社を転々とし、最下層のサイト編集者からあっという間にトップの情報官となった。

私の愛情も、その熱狂的な環境で生まれた。彼は杜《ドゥー》という名の香港人で、私たちのグループ会社の理事長補佐だった。杜の容貌は普通だったが、社長との関係は親密で、若く、当時二十九歳。私たちの会社の女の子たちが恋の鞘当をしていた。ただ、私はわざと冷淡にしていた。しかし人はおかしなもので、私が冷淡にすればするほど、彼は私に興味を持ち、わずかな隙を突いて近づいてきた。実際、彼が嫌いだったわけではなく、たくさんの女の子が彼を追いかけていたから、私はその中に入りたくなかっただけだ。何回か会ったあと、私は彼とマカオに旅行に行って、そこで恋人になった。

二〇〇〇年十一月、私はすでに妊娠三か月で〝香港の奥様〟の美しい夢に浸っていた。ところが、突然彼が三百万元もの会社の金を持ったまま消息を絶ったという知らせが伝わってきた。彼は社長の信任が最も厚く、最も認められていた。社長は非常に寛容で、彼の前途が失われないようにと考え、警察に通報はしなかった。

社長は、彼がきっと私に連絡してくるだろうから、どんなことがあっても彼に戻って来させろ、会社の金さえ返せば咎めだてしないと言った。しかし丸一年、杜は何の連絡もよこさず、二〇〇一年十月、私の息子が四か月になったころ、彼に良心が芽生えたのか、やっと社長に金を返し、私に五万元送金してきた。でも、そのまま彼は姿を消してしまった。

こうして私は熱狂的な雰囲気の中で、夢を見、何もわからないうちに未婚の母となった。今に至るまで私は未婚の母で、結婚していない。

女には寂しいときがあるもの。休日の恋人を求めたのは他の人を真似たのであって、私の発明ではない。実際、深圳でのこの数年、私もずっと相手を求めてきた。二、三人の男友達はいたが、最後には様々な原因で別れた。もし子どもがいなければ、私も他の女たちと同じように、一人の男をしっかりつかんで放さないだろう。しかし、子どもがいるので、配偶者を選ぶというよりは、子どもの父親を選ぶことになる。私が一番考えたのは子どものことで、普通の女よりずっと慎重になっていた。しかし、これは男が最も恐れ、最も回避したがることだ。だから私は独身でいる。未婚の母の気持ちは、とても複雑で戸惑いがあり、寂しさと孤独を感じやすいものだ。

休日の恋人は子どものため

最初、休日の恋人探しは、自分のためではなくて子どものためだった。二〇〇三年八月のある日、私は息子を連れて歓楽谷へ泳ぎに行った。自分が泳ぐのが下手なので、子どもの〝保護者〟としての男性を見つけたかった。頼りになる、水泳のできる人は思いつかなかった。本当は一緒に行ってくれる同僚の男性を探したかったが、同じ職場では誤解と噂の種になる。どうしようもなくなって、ある女友だちに電話で相談した。彼女は言った。今は、休日の恋人があるじゃない。なぜ一緒に行ってくれる人を探さないの。このとき私はようやく〝休日の恋人〟の実態がわかった。

簡単なことだ。最初はネットで、誰か私の休日の恋人になってくれないか、と呼びかけた。自動車修理工場の社長とは、すぐに意気投合した。これが最初の〝常軌を逸した考え〟だったが、歓楽谷に一日遊びに行っただけで、それ以上発展することはなかった。

その日、この社長は私の子どもと水遊びをしてくれ、彼らが楽しそうに笑い声をあげるのを聞いて、私は感動した。それは私がずっと求めてきたものであり、性愛とは関係のない美しい感情だった。

でも縁がなかったのかもしれない。何回かお互いに連絡を取ったが、深圳の人は忙しい。彼に時間がないか、私が行けないかのどちらかだった。強い思いは次第に弱まり、間もなく連絡を取らなくなった。

一番長くて四か月

人はこんなものだ。何ごとも一旦始まると、二番目、三番目と続く。

最初の休日の恋人と付き合ったあと、普段の生活ではわざわざ男友達と付き合う気はなくなり、身も心も仕事に没頭していた。休みになると、特に週末やメーデー、国慶節の連休には、ネットで休日の恋人を探し、子どもと一緒に気晴らしの旅行に出かけた。

私が休日の恋人を探すのは、セックスのためではなく、主に気持ちを慰めてもらうためと、安心感を求めてのことだ。もちろん、嘘をついて騙すつもりはない。もし感覚的に合う相手で、互いに信頼できると感じられれば、男女の関係になるだろう。

でも今の時代、特にネットで女を追い回すような男は、軽率で感情が深まるようなことはなく、一度会って、すぐ最も敏感な問題を突き詰めたとしても、多くの場合、初めて会って肉体関係に至らなければ、翌日からは失踪したかのようになり、ずっと連絡はないだろう。

この一年余りの間に、私は十人余りの男とネットで知り合った。そのうち六人は初めて会って、すぐ肉体関係を持ちたいとほのめかしたが、私は承知しなかった。彼らは口実を見つけてさっさと逃げた。他の四人も辛抱強くはなかった。ある男はこう言った。今の世の中、感情と性はインスタントラーメンみたいなものだ。腹が減ったら一つ開けて湯を注ぎ、栄養があろうとなかろうと丸呑みして、腹が一杯になればそれで済む。

私は保守的ではないが、このインスタントラーメンのような即席の感情、あるいは即席の性愛は受け入れられない。一番長く続いた男でもたった四か月。しかもこの四か月の間に十回も会っていない。彼は離婚した中学の教師で人柄はよく、道楽もない。彼となら家族になりたいと思った。しかし、彼にも息子がいて、子ども同士で喧嘩ばかりしているので気まずくなった。結婚したことのある人は、感情的な問題を考えることに対して割りと理性的だ。私たちは最終的に何の結果も得ることはなかった。

未婚の母として

九月末、このときの私の目的は子どもと一緒に国慶節の間旅行に行ってくれる人を探すことだった。具体的に何かをするためというわけではない。私自身も、自分がネットで時間を消費して、寂しさを紛らわせていることに気づいていなかった。むしろ自分の寂しさは、ほかの人より深いと思っていたから。

あの日、子どもと国慶節の旅行に行く準備をしていて、安心感の欠乏と同時に、誰か子どもに父親の愛を与えてくれたらと思って、休日の恋人を探した。夜、ネットに四時間費やしている間、本当にまごころのある人には出会わなかった。みんな性欲に走る人ばかり。多くは聞くに堪えない言葉を言った。始めは教養ある話、ある一定のレベルの話をしていても、会う段になると、まずは肉体関係が持てるかどうかを尋ねる。

私は怒りのあまりよく眠れなかった。だから、国慶節は子どもと二人で二日間陽朔へ行き、あとは家にいた。

ここ数年、私は常に探し求めることに忙しく、忙しさの中で寂しさを恐れ、寂しさの中で矛盾を感じていた。常にネットに浸っていたわけではない。自分は割りと保守的だと思う。多くの女が内向的で保守的なために、ネットで他人と交流をしている。これはわざとそうしているわけではない。善良さと感情を重んじることによるものだ。

女は愛を生み出す前提のもとでこそ、初めて性的欲望が生じる。男は逆で、性的関係があってこそ愛が生じるのかもしれない。私は自分に不平不満はない。決まった相手に対する愛情がないから結婚せず、性関係も持たない未婚の母を続けていくしかない。

金持ちなんて最低！

取材場所：広州市某レストラン
取材相手：Ｍａｙ
年　齢：二十七歳
略　歴：名門大学卒、非営利国家企業職員。

一

恋心が芽生え始めた若い女の子だったら、いつかは白馬に乗った王子様が現れるなんて夢見るかもしれないけれど、実際は大違い。まあ、それを言っても若い女の子にはわかりっこないけれど。でも男のかっこ良さにのぼせて結婚したばかりの女性だったら、むしろわかってくれるかもしれない。

実は私もそうだった。恋人の条件はハンサムで、身長は一七八センチ以上、これ以外にはなく、他の条件がどんなによくても対象外だった。

だからダンスバーで知り合った背の高いハンサムな男に惹かれたのは当然で、そのとき私は二〇歳、大学一年生だった。つきあい始めると、彼は当時はまだ珍しく、高価だった携帯電話をプレゼントしてくれて、私も結構自慢げに首からぶら下げていた。だからというのではないけれど、彼の優しいアタックに負けて、つきあって三週間目には彼と関係を持った。社長だった彼と気持ちが通じ合えば、永遠にそばにいてくれるものと無邪気に信じていた。ずいぶん甘ちゃんだった。ハンサムなだけに、彼から声をかけなくても、積極的に近づく女が次々に現れて、彼の電話はいつも鳴りっぱなし。ほとんどが女からで、女との電話になると、彼はいつも曖昧な話し方をしていた。でも男女の間では曖昧さは危険このうえなく、曖昧なだけにすばらしいと誤解しがちで、不注意は大やけどのもとだった。

私が大学三年生になったとき、彼は夫のいる若い女とつきあい始め、頻繁に電話で連絡を取り合っていた。今のヤングミセスは精力のはけ口をセックスに求めるのか、浮気性なのか、しょっちゅう彼とホテルに行っているようだった。結局、夫に尾行され、部屋に飛び込まれた時には二人とも真裸で、あとはお決まりの男女乱れての大立ち回りだったようだ。

結婚していなかったので辛さはあったものの彼とは別れるしかなかった。

私のスタイルがよかったせいか、私を追いかけ回すハンサムな男は、ずいぶんたくさん現れた。大学教師に歌手、億以上の資産を持つ社長もいた。それも全員、家庭持ちばかり。最初は誰もが判で押したように、口実を作って私と話をし、食事に誘ってプレゼント攻撃、そして下半身へ……。

言い寄ってくる男たちの狙いは私の若さと美貌、そしてセックス。だから私も計略には計略で応じ、彼らの期待を裏切らないようにした。さも愛しているように振る舞い、刺激が欲しいというように毎日、思いっきりセクシーな格好をして、毎晩、待ちぼうけを食らわせていた。でも本当はすごく苦痛で、性格まで慎み深さを失い始めていた。

それが一年ほど続いて、気がついたら大学を卒業していた。でもだんだん疲れを感じ、何もかもつまらなくなっていた。就職して、仲の良さそうな夫婦を見ると羨ましくなって、自分も早くそうなりたいと願うようになっていた。

人間は成長すると現実的になるもので、ハンサムな男にはもう興味はなくなっていたけれど、結婚するからには家、車、食べることは切り離せないため、愛は二の次で生涯、安心して暮らせることを望んで、金持ちの男を捜し始めた。

二

名門大学出身で美貌の独身となると、男たちは放っておかず、私を追いかけ回す男の中に一人の離婚歴のある金持ちがいた。四十五歳だから父親と言ってもおかしくなかった。彼の態度はとても誠意に溢れ、毎日、花を届けてくれて、夕食にもよく連れていってくれた。六つの会社を切り回し、車はベンツとキャデラック、それに別荘も持っていた。

でも私は最初、気乗りがしなかった。ところが、一生贅沢三昧できるこんなうまい話、そうそうあるもんじゃないのに頭がいかれているんじゃないかと周りからは言われ続けて、私の気持ちも揺れ始め、とうとう彼と一緒になってしまった。

彼の別荘での生活が始まると、働かなくていいからピアノのレッスンに励むように言われた。苦労して働きたいなんて思う人間はそういないわけで、私も大金持ちの奥さんたちを見習い、周囲からの羨望の眼差しの中、仕事を辞めた。寂しくなると、彼のベンツでドライブや友だちを誘って一緒にトランプやマージャン、退屈な時はインターネットを見たり、ゲームをしたりしていた。

彼は朝早く出かけ、帰宅はいつも深夜だった。接待が多かったし、出張で何日も帰ってこないこともあった。私が気ままな生活に浸っていると母からは毎日のように「早く正式に結婚しなさい。そうでないと馬鹿を見るわよ」とせっつかれた。その話を彼にすると、反対せずに少し暇になる新年早々に式を挙げようと言ってくれて、私はすっかり安心していた。

ところがなぜか彼は私を籍に入れようとしないばかりか、ほかに女を作って、私とのセックスにも次第に興味を失っていった。最初の頃は朝から晩までセックスをするほどだったのに、せいぜい一週間か二週間に一度程度になってしまった。

なんとか春節を待って、彼の仕事も一段落したようなので、婚姻届けのことを言うと、届け出など意味がないと言われてしまい、ごり押しは自分が惨めになるだけなので、納得いかなかったけれどそれ以上、催促しなかった。

それから数か月過ぎると、彼は私に冷たくなって、外出先から電話もかけてこなくなり、帰宅しないことも増えてきた。しかも彼が家で電話に出ると、曖昧な話し方が多くなった。女はこうした点では敏感なだけに、他に女でもできたのかと訊くと、いるはずないだろうと言ったけれど、その間、私の顔を一度も見ようとはしなかった。

男で、大金持ちで華やかな世界に生きているのだから、たまには浮気もありかなぐらいには考えていて、彼の心に私がいるなら大目に見るつもりでいた。「結婚前は両目を大きく、結婚後は片目でっていうわけ。でも、ある日偶然、彼の携帯メールを見てしまい、ことの重大性に気がついた。

それは六月一日の「児童節」の前の晩、彼が入浴中に机に置かれた携帯電話にたまたまメールが入り、普段なら決して彼の携帯など見ないのに何か緊急事かもしれないと気になってメールを見てしまった。「ねえ、あなた明日の夜、私の所に泊まれる？」私は身体が固まり、怒りがこみ上げてきたけれど、何も知らない振りをした。

「児童節」の午後、私はわざと彼に夕食はどうするのかと電話で訊くと、接待があるので家に帰らないと言った。ところがお手伝いさんと夕食を食べていると、重要な書類を忘れたと彼が突然、戻ってきた。手伝おうかと言うと「必要ない」との返事。でも彼の慌てぶりが気になってあとを追うように部屋に入ると、彼はそのあたりの書類を無造作に何部か摑むと、内容も確認せずにカバンに入れた。私にはピンときた。わざわざ家に書類を取りに来るのだから重要なはずで、よく内容を確認しないなんて実はその書類は重要ではなく、捜し物は他にあると。私が「きちんと書類を確かめてから出かけて」と言うと、「君はぼくに構わず、下に戻って食事を続けてくれ」と言われてしまい、戻りながらガラス越しに見ると、必死になって捜し物を始め、ようやく引き出しから一枚の写真を見つけ出し、情熱的にキスをしていた。彼は机の抽斗に不用心に入れておいた女の写真を私に見られるのを恐れて、わざわざ取りに戻ってきたのだ。

彼はそそくさと出て行ってしまい、私は悲しさと怒りから彼の相手がどんな女で、どれほど魅力があるのか、ものすごく知りたくなった。私は敢えて自分の車ではなく、タクシーで彼を尾行した。二十キロあまり離れたある芸術学院の正門で彼が女を乗せるのを目撃。女は三十歳過ぎのようで、外見的には遙かに私の方が上だった。お人好しな私は、彼女とは仕事上の関係で私が疑心暗鬼になり過ぎていたと単純に考えた。ところが二人が彼の車の中で抱き合い、キスを始めたのを見て、私の推測はあっさり吹き飛んでしまった。事実が雄弁に語っているわけで、私は素早く引き返した。

その日、彼は帰ってこなかった。彼に電話すると、接待で遠方に出かけていると言った。私はベッドに突っ伏して朝まで泣きながら、でも棄てられたくないという気持ちもあり、あがき続けた。

親しい友人に相談すると、喧嘩別れするより相手の女を追い出す作戦の方が得策だと言われ、手始めに敵を知るために私立探偵を雇うようにアドバイスされた。

探偵なんて初めてなので、数日迷ったあと、新聞の広告欄を見て電話を入れた。相手は着手金一万元、成功報酬二万元という条件を提示した。結局、着手金一万元、成功報酬一万元で交渉が成立し、その探偵と待ち合わせた。現れた男は落ち着きがなく、私にふと不安がよぎったけれど、この期に及んでキャンセルもできず、手付け金を渡したのが失敗だった。身分証明書さえ確認しなかった私がどうかしていた。騙されたとわかったときには、もうその男は姿をくらましてしまっていて、あとの祭りだった。

こうなったら自分でやるしかなかった。先ず芸術学院の守衛を手なずけるためにちょっとしたプレゼントを渡して、世間話をしながら相手の女の情報をそれとなく聞き出すことに成功した。なんのことはない慎重に事を運べば、誰でも優秀な探偵になれるのだ。

彼女はピアノ教師で、一年あまり前に離婚し、三歳の娘がいた。私より優れているのはセックスアピールだけ。今の世の中、男も女も下劣で、セックスのためなら何もいらず、他はつけ足しのようなものになってしまっているらしい。

数日後の夕方、私は彼に早めに帰宅して欲しいと電話をした。私の口ぶりから何か重要なこととわかったようで断らなかった。彼をびっくりさせたのは、予想外に早く私が彼女の存在に気づき、しかもかなり詳しい情報まで摑んでいることだった。でもすぐに冷静さを取り戻した彼は事実を認め、相手の女が自分によくしてくれて、ピアノも上手で彼女のことが好きだと告白し、私にはすまないと言った。

私はあなたが幸せなら身を引くのは構わないけれど、私よりもずっと年上で、子連れの女のどこに魅力があるのかわからないと言うと、彼は口ごもりながら、愛とは何か、よくわからない。でも彼女に対して熱く突き動かされるものがあるのだと言った。確かに彼女は私より成熟していて、彼女のセックスアピール、色気、放埒さではとてもかなわない。裕福な男ってどうしようもないただの動物。私は涙をこらえて荷物を片付け始めた。彼は私をなんとか引き留めようとしたし、私を抱きしめたままベッドで話もした。「すべて自分が悪い。君はいい女だし、ずっと愛している。でも感じなくなってしまったんだ。セックスする気持が湧いてこないんだ」

私はすっかり目が醒めた。彼が女に求めているのはセックスだけ。彼は永遠に女を求め続けるに違いない。翌日、彼が出社すると私は彼の家を出た。以前、彼がくれた二十万元だけ持って。友人はセックスだけが目的だったのだから百万元だって安いぐらいだと言ったけれど、私は彼のお金が汚らしく感じられた。

でも彼はまだ良心的だった。その後、何回も電話をかけてきたし、私の口座に五十万元を振り込んでくれた。私は数日間泣き暮らし、一カ月あまり苦しんでからまた仕事を始めた。

三

一度贅沢の味を知って別荘、ベンツが当たり前だった私がバス通勤を始めるのは泣きたくなるほどみじめだった。確かに私の口座には七十万元があったけれど、自分で稼いだお金ではないだけに安心して使えなかった。

一方で、私が独り身になったことが知れると、私を追いかける男が増えて、退勤後、必ず車で私を食事に引っ張り出そうとする男たちがいた。

彼らのやること、言うことといったらどうしてこんなにも同じなの。君は可愛いよ。ぼくでよければ何でも力になるよ。まるで妹のようだ。ぼくが求めているのはプラトニックラブさ。誰もがいい男ぶっているけれど、私から言わせれば精神病じゃなければ、羊の皮を被った狼たちだ。

つまらない男ばかりだったけれど、私も成り行きで適当に合わせて遊んであげた。毎晩、食事して、カラオケやマージャンをして。でもこんな生活が一年も続くと、完全に飽きてしまって、ベッドで一人、自堕落にしているのが良くなって、数日間、そうしていたこともよくあった。

でもそんな生活はやはり寂しさを募らせるもので、すべての女が安定した生活を求めるように、そんな男がいるのかわからないけれど、一生頼れる男を求め始めていた。無意識にすぐにでも結婚できる男を捜していた。でも金のない男では、いくら優秀でもその気になれなかった。もう自転車で笑うより、ベンツの中で泣く方がましだと考える女になってしまっていた。

私はやはり金のある男を選んだ。前の彼氏より経済的に少し劣っていて、別荘は持っていたけれど、会社は一つだけだった。前の轍を踏むまいと、すぐに同居せず、結婚後の同居を条件にすると、彼もそのつもりでいたと快諾してくれた。ところが婚姻届けを出す段になって味噌がついてしまった。彼の身分証明書が期限切れで、婚姻届けを受理してもらえなかったのだ。再発行までに三十五日かかるというので、先に結婚披露宴をしようと持ちかけると、これまた彼は快諾してくれた。

一流ホテルでの披露宴だった。宴会テーブルは二十八卓にもなり、招待者は政界、財界の著名人ばかりだった。翌日、いくつかの地方新聞が「富豪に美しき伴侶」の見出しで報じ、私の虚栄心を大いに満足させてくれた。

結婚披露宴に五十二万元使い、祝金は二十九万元。ただし祝金のうち一万八千元が偽札だった。披露宴に招待された出席者はほぼ各界の有名人たちばかりだというのに、仮面の下に隠された顔はごろつきと変わりはしない。

思いもよらない悪夢が私を待ち受けていた。今回の男はサドで、興奮してくると理性を失い、前の女の名前を叫びながら汚い言葉を投げつけ、私の肉体を痛めつけた。初めての時、私が泣き出すと、彼は途中で気がつき、もう絶対しないと謝ったけれど無駄だった。

婚姻届はまだでも、すでに披露宴までして「結婚した」だけに、私は必死に破綻を避けようとした。彼に精神科の受診を勧めると、絶対に病気ではないと言い張った。それでも私が諦めないと、今度は怒り出してしまい、私は密かに医者に相談して薬を出してもらい、食べ物に混ぜて彼に食べさせ始めた。ところがある日、料理が薬くさいのに気づかれてしまい、普段穏和な彼が食卓をひっくり返してしまうほど怒り狂った。

お手伝いさんとその後始末をしながら私は言い返さなかった。前の経験から今の生活をとにかく大事にしたかったので。でも運命は私をもてあそぶことになった。

彼は何日間も私を求めてきて、そのたびに拒絶した。彼のセックスを思い出すと怖くてとてもその気になれなかったからだ。すると彼はセックスのとき、汚い言葉を吐き、サディスティックにならないと燃えないし、それを拒絶するなら別れようと言い出した。

夫婦喧嘩での言い過ぎはよくあるので、まともに受けとめず、できるだけ彼の面倒を見て、自分から折れて彼に合わせようともした。でもセックス中の彼の行為や言葉、前の女の名前を耳にするたびに何度も吐きそうになった。

自分から折れて彼に迎合するのも限界にきていた。他人からは憧れの的であるかもしれないこの別荘も、私には彼の性欲を発散させる秘密の空間でしかなかった。

ある日、私は本当に逃げ出したくなって母に相談すると、夫婦がかみ合うには時間がかかるから、もう少し我慢するようにと言われてしまった。私は無理やり自分を納得させると、彼の方が私の気持ちがなくなったのを感じたのか、突然、私を無一文で追い出した。私にはもう喧嘩する気力もなくなっていた。

四

私の心はずたずたになり、男との接触が怖くなっていた。仏教で言う因果応報かもしれないと真剣に考え、生活を立て直して、ごくなんでもない日常的な男とのつき合いも、もちろん恋愛も三年間ほど完全に断ってしまった。

恋愛だけでなく、人とのつき合いも嫌になり、自宅に籠もりがちになった。電話やメールが減り、代わりに読書やインターネットを好むようになった。一人で過ごし、韓国ドラマを見たり、ベッドに横になっているのが苦痛でなくなった。

ある日、遠い親戚の一人に私から活発さが失われ、とても憂鬱そうに見え、まるで別人のようだと言われ、また知人たちからも憂鬱そうで、写真を撮っても笑っていないと言われた。確かに自分でも性格が変わったと気がついていて、このままだとうつ病になるかもしれず、できるだけ外に出なければいけないと思うようになった。精神的な病気だとしたら厄介だし、元のような明るい性格に戻りたいと考え、近くの病院の精神科に行った。その精神科の医師は評判が良いようで、四十歳あまりの男性医師は確かに熱心で、辛抱強く、人当たりも良かった。通院しているうちに気軽に会話ができるようになり、できるだけ外の上流階層の集まりに出たらどうか、場合によっては自分が連れて行ってあげると言った。

それから間もなく、彼から電話でダンスパーティーに誘われた。なんでもほとんどが文化関係の有名人ばかりだそうで、文化界の人間でも、有名人でもない私は尻込みをし、断ろうとすると、このパーティーに出れば、文化界の有名人と知り合いになれるし、それが一種の見えない財産となるうえ、何よりも私の精神状態を好転させると言われて、彼と一緒に参加することにした。

そこは会員制の高級クラブで、男性会員は年会費三万元なのに女性は無料、ただし美形で身元確かな者に限られていた。

私たちが会場に行くと、すでに二十人以上の人が来ていて、その後も十数人が参加して、いずれもハイレベルの生活をしている人たちばかりだった。

精神科医はなかなか顔が広いようで、彼は多くの人を私に紹介すると、中年の女性の方へ行ってしまったので、ちょっと困ってしまい、会場の隅に座ってワインを飲むしかなかった。私はダンスが苦手だったので、その場に腰を下ろしたまま、まわりの人たちを観察していた。

すると突然、三十過ぎの男から恭しく酒を勧められた。儀礼的に来たのだろうと思っていると、驚いたことに私のことをよく知っているという。私はまったく見覚えがなかったけれど、前の男との結婚披露宴に出席していて、今は私が独り身であることも知っていた。

「あなた、探偵？」私が急に警戒し始めたのを見て、緊張をほぐすように自己紹介を始めて、弁護士の葛《ゴー》だと名乗った。彼とのおしゃべりで前の男の会社の法律顧問だったことがわかり、それで私のことをよく知っていたのだ。

クラブを出る時、精神科医と葛さんが一緒についてきた。精神科医によると、葛さんは上海、北京、深圳に法律事務所があり、数千万元の資産を持つ、全国的にも有名な弁護士だそうで、精神科医はかなり葛弁護士を褒めていた。その葛さんが是非とも私を送らせて欲しいと言い出し、その時はまだ十一時前だったので、もう一軒クラブに誘われた私は、ためらいながらもついて行った。私にとって、そんなに遅くまで男性と一緒にいるのは三年ぶりで、歌とダンスショーを見ながら二人でワインを飲んだ。

葛さんは半年で離婚したあと、八年間ずっと独身生活を送っているというので、相手選びの基準が厳しいんですねと言うと、私のようないかにも名門校出身者らしい雰囲気の女性に巡り会わなかっただけだと言った。お世辞とはいえ私は悪い気がしなかった。

その後、葛さんは私に猛烈なアタックを始め、あらゆる通信手段を使って、どこからでも私への連絡を怠らなかった。私の干からびていた心に潤いが戻ってきた。運命は人を弄ぶのか、私は二度も金持ちから逃げ出すほど懲りていたはずなのに、またもやふとしたきっかけで金持ちを愛するようになってしまった。

私はもう若くないし、二度と辛い思いをしたくなかったので、恋愛にはかなり臆病になっていて、物事には用心深くなっていた。彼が出張のときには、私は仕事が終わるとすぐ帰宅し、他の男とのつき合いは可能な限り避けて、彼がいるときには、できるだけ優しく心配りをして、人前では彼を立てるようにした。半年後には両方の両親にも挨拶をし、二人の関係も認めてもらい、お互いに相手なしではいられなくなって同棲するようになった。

同棲を始めた当初は、毎日が新婚初夜のようで本当にロマンチックだった。二人とも一時でも離れたくないし、相手に捧げ尽くしたい気持ちでいっぱいだった。このときになって初めて、彼と精神科医とは友だちで、クラブのパーティーに私を引っ張り出し、私に引き合わせる手はずになっていたことを打ち明けた。

　葛さんは孫の代まで使っても使い切れないほどの財産を持っていたけれど、他の金持ちとは違って私に仕事を続けさせた。私もずっと家にいるよりその方が良かった。

　三都市に事務所を構えていたため、彼は毎月基本的に各都市に十日間ずつ滞在した。この生活スタイルに不安を感じた私は、正式に結婚したいと言った。同棲前は私から結婚しようと言うたびに子どものように喜んでいたのに、今では結婚なんて形式的で流行らないし、時代は変わっていて、同棲の方が格好いいなどと、何人もの有名人を引き合いに出して、金持ちは同棲しても結婚はしないと言い出し始めた。

　男って、考えることはみな同じ。釣った魚には餌をやらず、手に入れてしまえば、次は捨て方を考え始めるのだ。私は結婚したがる女じゃないけれど、何度かの失敗から安定した家庭を強く望んでいたことは確かだった。このままだとまた泡のように消えてしまうのを恐れて、婚姻届を出してくれるよう強く求めた。私を棄てるのがまだ惜しかったのか、私の執拗さに負けて、吉日を選んで二人で届けを出すことになったけれど、披露宴は開かないことにした。

五

　私が結婚できる喜びに浸っている矢先、例の精神科医から突然、電話があり、私はつくづく前世から結婚運に見放されていると思わざるを得ないほど彼の話にショックを受けた。

私をダンスパーティーで葛に会わせたのは紹介料を取ってのことだったようだ。最近、葛が事務所を持つ都市ごとに女がいることがわかり、気が咎め、事実を伝える決心をしたけれど、葛には言わないで欲しいと言った。彼が私に嘘を言う必要などないわけで、私は彼の話を信じた。

すべてが夢だったらどんなにいいだろうと思った。それだけ私は今の生活を失いたくなかった。精神科医からの電話があったとき、彼は上海に出張中で、私はすぐさま上海へ飛んだ。もちろん彼の行動を見張り、真相を確かめるために。

一日目、彼は事務所に現れず、二日目、事務所に来るや一時間もしないうちにまた出て行き、数人のお客と一緒に食事をした後、サウナへ向かった。でも翌朝二時になっても姿を見せず、他の出入り口から出てしまったようで、私の尾行は失敗に終わった。

三日目。私はすでに二晩続けて満足な睡眠を取っていなかったけれど、ここで諦めるわけにいかなかった。彼は午後になって事務所に現れ、しかも二十六、七歳の美人と一緒で、二人は手をしっかりつないで歩いていた。私は完全に精神科医の話を信じるしかなかった。私は二人のうしろ姿を写真に撮って帰った。

彼が出張から戻ると、私は黙って写真を渡した。彼はちょっと驚いたようだったけれど、誰が撮ったのかと訊き、私だと言うと、彼女とは君が考えるような関係ではないと釈明した。私が尾行や撮影した理由など一切聞かずに、精神科医が彼を陥れようとする陰謀だと言い張った。精神科医との間に女性の紹介料三万元を支払う約束で、一カ月間は精神科医が仲介の労を取ることになっていて、当日は一万元支払った。ところがあの夜は、意外な成り行きで、彼が私を家まで送ることになり、しかも私が彼と一緒にナイトクラブに行ったので、残りの二万元は支払いは不要と判断した。それが精神科医には不満で、陰謀を企んだのだ、と言った。

精神科医は彼を懲らしめようと考えたのかもしれなかったけれど、私に突きつけられた事実は彼の弁解がもはや白々しく、私は永遠に彼から離れるためにこの家を出て行くことにした。でも以前の私ほど単純でも善良でもなくなっていて、二百万元の慰謝料を彼に要求した。この程度の金額、彼にとって痛くも痒くもない端金で、一度は愛し合った仲なのだから同意すると踏んでいた。

ところが弁護士ほど悪賢く、卑劣な人間はいないようだ。慰謝料をどれほど請求しようと、最終結論を出すのは裁判官だからとうそぶき、私は全身の血が逆流するのを感じた。

慰謝料で裁判沙汰にするなんて。愛し合っているときは何でも許していたのに、彼の不倫で別れるとなると、こんな情けないことになるとは。合法的な夫婦でなかっただけに、訴訟になったら私に勝ち目がないのは明らかだった。

私は彼へ仕返しをすることにした。偽装の仲直りをして、「これからは他の女とつき合わないで」と頼んだ。「もともとそんな女なんかいないからつき合うもなにもない」と彼は言い、私は「あと一回だけ信じるわ」と言った。

仕返しといってもうまい方法が見つからず、私は手当たり次第に男とセックスをするようになった。思うに、それで自分の心理的「バランス」を取ろうとしていたようだ。インターネットで相手を探し、一夜の情を交わした。彼が出張のときはほぼ毎晩、家に帰らなかった。贅沢三昧の堕落した日々だった。そうなると彼に対して性欲がなくなるだけでなく、肌を触られるのも気持ち悪くなり、二カ月間もセックスをしなかった。

数か月後、妊娠に気がついた。これが私の仕返しの最終目的だった。彼に妊娠したことを告げて、私以上の苦痛をなめさせてやりたかったから。でも彼が本当に苦しんでいるのか、何を考えているのか表に出さなかったので私にははっきり摑めなかった。

私は覚めた気持ちで、何も持たず、何も残さず、静かに彼の家を出た。そして事の深刻さに気づいた。お腹の子どもをどうする？　中絶？　それは残酷すぎる！　子どもにはなんの罪もないのだから。でも未婚の母となるのもそう簡単ではなかった。両親や周囲の人たちにどう見られるだろうか？　何よりも子どもと二人でどうやって生活していくのか？

報復の刃は結局、自分に振り下ろされてしまった。

優雅な生活にあこがれ、三度も金持ちの男と一緒になったけれど、つくづくわかった。どんなに苦労しても、金持ちはもうたくさんだと。一生シングルでもいいし、誠実な男と出会えたら全身全霊、その男を愛することにする。それにしてもこの世の中、くだらない男たちが多すぎる。

男好きの女

取材場所：北京朝陽区《チャオヤン》某文化会社オフィス
取材相手：林紗紗《リンシャーシャー》
年　齢：二十七歳
略　歴：大卒、企業部門マネージャー。

遺伝か、それとも他の要因か、私が魅力を感じる異性はすべて恋人や妻を持つ男に限られていて、ちょっと異常のようだ。そのため友だちから他人の彼氏を見る目がいつも獲物を狙うように熱くなると言われたことがあった。自分では気がつかないけれど、確かに他人のすてきな彼氏を見ると、征服欲がすごく湧いてくる。反対に恋人のいない男には少しも魅力を感じない。何回か精神科にかかったけれど、無駄だったようで持って生まれたものは治らないようだ。

今までに六、七人の他人の恋人や既婚の男とつき合ったけれど、どれも好奇心と興味から関係を持って、長続きはしないで結果は悲惨なものばかり。私はきっと死ぬまで独身なのだろう。

一

私の初めての男は母の愛人だった。

まだ高校生だったとき、父は別の省で働いていて、帰ってくるのは年に数回だけ。しかも数日で慌ただしく戻ってしまったので、父の顔を忘れてしまいそうだった。こんな夫婦じゃ、母が同じ会社の男と関係を持ち始めるのも時間の問題だった。

私が母の不倫に気づいたのは、体育の授業で足を捻挫してしまい、先生が応急処置をして、帰宅させてくれたときだった。母はまさか私がそんな時間に帰ってくるとは考えていなかったので、内鍵が施錠されていなかった。私は習慣的に自分の鍵で家に入り、リビングまで行くと、母が服も髪も乱れたまま寝室から慌てて飛び出してきた。

足を捻挫したと告げると、母は私をソファーに寝かせてマッサージをしようとしたので、もう充分に揉んだから大丈夫と言った。「そのまま動かないで、何か食べ物をもってくるから」と母が言ったけれど、その態度がいつもと大きく違うので、どこか具合が悪いのかと訊いたほどだった。それからビスケットを持ってきて、私はのどが渇いていたので、いらないと言うと十元を渡されて、何か食べたい物を買ってくるようにと言われた。私は疲れたので寝たい、と母の執拗な言葉を無視した。

普段から母と一緒に寝ていた寝室へ行こうとすると、母が必死に止め、何か重大なことを隠していると思った。二人の言い争いが聞こえたのか、一人の男がバツが悪そうに薄笑いを浮かべて寝室から出てきた。見ると裸足で額には汗が浮いていた。でもハンサムだった。男は何か言い訳をしながらそそくさと家を出て行ってしまったけれど、嫌悪感はなかった。父親の愛に飢えていた私だけにむしろこのずっと年上の男に好感さえ抱いた。

母はあの人に電球を換えてもらったと言い繕っていたけれど、私は何も訊かなかったし、怒りもなく、ただ眠りたかった。ベッドに横になるといい匂いがした。もちろん男の残り香だったけれど、そのときはわからず、でもなんだかなかなか寝つかれなかった。

私が母を責めず、あの男を嫌っていないとわかると、母は彼を家での食事に呼ぶようになった。彼は私にも優しく、いつも美味しい食べ物やプレゼントを持ってきてくれた。

ある週末のこと、彼が私の服や靴を買いに連れて行ってくれ、おまけに私が気に入っているぬいぐるみまで買ってくれた。帰宅すると母から急な残業ができて、家で食事できないという電話が入った。すると彼が夕飯を作ってくれて、家に男がいると安心感が生まれるせいか、彼の料理がすごく美味しく感じた。

食後、後片づけをして帰ろうとした彼に一人になるのがいやだから一緒にテレビを見てくれないかと頼んだ。安心感からか私はいつの間にか彼の脚の上に頭を乗せて眠ってしまっていた。ぐっすり眠っている私を起こさないように、テレビの音量を下げ、足が痺れてもじっとしていたことを起こされて知った。この細かな心配りは、父の愛を知らなかっただけに泣きたくなるほど感激し、いきなり彼の胸に飛び込んでいった。彼はそっと私を抱きしめ背中を撫で続けていたけれど、しばらくすると私の頬にキスをし、それから唇も……。私のファーストキスだった。淡いタバコの匂いがして、素敵だった。

それからは彼は母と会うより私と会うことが多くなり、二人して母を避けるようになっていった。およそ一ヵ月後、私の処女を彼にあげた。でも私はセックスそのものはあまり好きではなく、抱かれて愛されているという感覚が好きで、そばに男がいるという安心感を求めていただけだった。高校時代、言い寄ってくる男子生徒は多かったけれど、まったく興味がなかった。私が大学に入ると、彼との関係は次第に遠のいていった。

二

私の二番目の男はルームメイトのボーイフレンドだった。

大学三年のとき、ルームメイトがバスケットボールをやっている背が高くてハンサムなスポーツ学部の学生とつき合い始めた。彼は部活のあと、いつもバスケットボールを持って汗をびっしょりかいたまま、私たちの部屋までやって来た。しかもランニングシャツと短パン姿で彼の力感溢れる肉体を目にして、私は次第に彼に惹かれていった。

私は彼が部屋を訪ねてくる時間帯を調べ、午後は用事がなければ意図的に寮に残るようにし、意識して彼と顔を合わせるようにした。やがて私が彼に好意を持っていることに気づいたようで、来るたびに私を盗み見る彼の目には親愛の情が宿るようになった。

いつの間にか彼は私に会いに来るようになっていた。そんなある日、ルームメイトが追試で私だけが部屋にいるときを狙ってやって来た。「君に会いに来たんだ。いけなかった？」私はうつむいて恥ずかしかったけれど、満たされていた。彼がいきなりキスしてくると、私も彼を激しく抱きしめ、夢中でキスをした。

皮肉なことに、このことがあってから私は男を信じなくなった。特にハンサムな男は。彼はその後も何くわぬ顔でルームメイトともつき合い、一方で私ともセックスをした。ルームメイトの前では、それはみごとに無関係を装い続けて。

彼の親はかなり裕福で、大学四年になると彼は彼女と部屋を借りて同居を始め、私とは数か月間、セックスレスだった。ところが彼は同じ団地内に私のためにも部屋を借りて、二股関係を続け始めた。でも私は彼の専有物になる気はなく、もちろん結婚する気なんてさらさらなかった。ルームメイトから彼は優しくて、絶対に浮気なんかしないと聞かされるたびに、悪いけれど、私は秘かにせせら笑っていた。

卒業間近に私と彼女が二人とも妊娠してしまった。彼女には中絶を求めた彼が、私には産んで欲しいと言ったのは、私と結婚したかったからだった。素直に中絶手術を受け入れた彼女は冷たくされ始め、その一方で私との同居を始め、私は征服欲に酔っていた。でもそれから二か月後、私は密かに中絶した。結婚なんてまっぴらだったから。

私と彼女は彼の父親が国営大企業の社長だったので、そのつてで就職ができた。それが片付くと、彼はさっさと彼女と別れてしい、私と大っぴらに一緒に住み始めた。私は仕事のこともあって彼とのつき合いをやめるわけにもいかず、つかず離れずの関係でいた。彼からは矢のような結婚の催促があったけれど、私は拒否し続け、いつの間にか加虐的な満足感を覚え始めていた。

その後、私は建築業界の社長と知り合った。社長は私の歓心を買うためだったら金を惜しまなかった。そして私の出退勤のために専用運転手までつけてくれた。私を旅行にも連れて行ってくれて、最高級のホテルに泊め、最高級の食事も、最高級の服も買ってくれた

こうして数か月後、私はこの社長と同居を始め、仕事も辞めて自由気ままに暮らし、株をやったりした。社長は接待が多く、その場に私をよく連れ出し、そのときはとても得意げだった。私は次第に贅沢三昧な生活に馴れてしまっていたけれど、時として昔ながらの自分がいて、家でひっそりと過ごすこともあった。でも数日過ぎると、また友だちと遊びに出かけてしまっていた。

こうしてさまざまな職種の男と知り合うようになった。彼らは社会的成功者ばかり、しかも「他人の夫」ばかりだった。

二年後、社長は別の女に夢中になり出し、私たちの間にいさかいが起きたのは当然で、彼から別れ話を持ち出されて、私は初めて相手から捨てられる体験を味わった。しかも私が見下していた相手から捨てられただけに精神的にはかなりのダメージを受けた。私は社長への当てつけのために、求められるままに警察署署長と関係を持った。

この所長とはある集まりで知り合い、一緒に来ていた奥さんとは旧知の間だった。署長に何かを期待したわけではなく、セックスを自分の怒りのはけ口としただけだった。

この署長は自分がハンサムで魅力的だと勘違いしていて、その後も奥さんに隠れて秘かに連絡をし

てきた。私も寂しいときには彼につき合ったけれど、結局は短いつき合いで、私からさっさと別れた。

三

私は自力である会社の営業員となった。縛られる男がいないのでこれまで以上に気ままだった。毎回の食事はほとんど外食で、しかもいつも支払いは食事に誘った男持ちだった。友だちの顧客がよその土地から来ると、私にお呼びがかかり、接待場所の手配など頼まれ、私はまるでホステスを兼職しているようだった。

彼らの最終目的は例外なく一緒。だからこそ私は彼らに手を出すスキを与えなかった。男たちはいったん美味しいものを食べたら、口をぬぐってさっさと帰ってしまうからで、私はいつもそんななかで彼らとつき合っていた。

こうした仮面生活を一年ほど続けると、さすがに精神的に疲れてしまい、頼りがいのある男が欲しくなった。そのすき間に入ってきたのが従姉のボーイフレンドだった。

従姉が彼を連れて私の所に遊びに来て、互いに顔を合わせると、二人の目に火が燃えあがった。文句なくハンサムな彼にすっかり参ってしまった私はアタックを始めた。男は情熱的な女を特に好むもので、ほぼ百パーセント拒絶する男はいない。

数日後、私は従姉を食事に招待した。もちろん従姉が彼を連れて来ると読んでのことだった。食事のとき、私はわざと二人と向かい合うように座って、従姉の目を盗むように彼に熱い視線を送ると、最初はドギマギしていた彼が食事が終わる頃には従姉のスキを見て、目で応え始めていた。

食後、何人かの友だちも呼ぶからとカラオケに誘われ、車を取りに地下駐車場に行く彼とはぐれないようにと、さりげなく彼の携帯番号を聞き出していた。私は従姉がこのあたりが不案内なのにかこつけて、わざと遠回りして外に出た。私たちのいるところがわからなくなった彼から電話があり、その電話の声で彼を落とせると思った。

カラオケでは甘い恋のデュエット曲ばかり選んで、歌が苦手な従姉が断るのはわかっていて、私は敢えて彼女に声を掛けた。デュエットしながら彼を無意識に見つめている振りをする私に彼はすっかり参ってしまっているようだった。

帰りは彼が従姉と一緒に私を先に家まで送ってくれた。私は二十分ほどしてから二人に同時にメールを送った。二人からほぼ同時に返信がきたため、彼が従姉の所に泊まらないことがわかった。そのうち彼から電話がかかってくるはずだという私の予想は的中した。私の歌はその辺の歌手より上手いなどと虫酸が走るようなお世辞を言い、また必ず歌いに行こうと誘われた。

この男がろくでもない奴なのは、翌日の夜にはもう従姉にカラオケに行くと嘘をついて私を誘い出したことでもはっきりしていた。しかも紳士面《づら》して君の歌が好きだから会いたかっただけなのだと言って。

それから間もなく、従姉が隣りの市へ転勤してしまうと、彼はこれ幸いと頻繁に、しかも大っぴらに私を誘うようになった。ある日、何人かとカラオケに行ったあと、私と彼は地下の駐車場に向かい、エレベーターを降りるといきなり私の手を握ってきた。私は逆らわずにそのまま車に乗ると、今度は私を抱きしめてキスをし、私の家ではなく、まっすぐ彼の家へ車を向かわせた。今日は帰らなくていいよねという問いかけに私は黙っていた。彼は部屋に入るや、ドアを閉めるのももどかしそうに私を抱きしめて激しいキスをしてきた。私が突き放して、わざと「従姉が知ったら大変よ」と言うと、「もう別れようとしていたら君が現れたんだ。明日にでもはっきり言うから、信じてよ」

そこで私は言ってやった。「あなたの愛は信じるわ。でも私があなたを愛するようになるなんて信じないわ」

彼は冗談だと思ったのか、強引に私をソファーに押し倒すと「もう我慢できない！　君はセクシーすぎる」とささやきかけてきた。私は「シャワーを浴びてきて」と彼を押しのけて言った。彼がお預けを喰ったように浴室に入ると、私は冷めた気持ちで考え込んでしまっていた。従姉が転勤になったとたん、この男はもう私を家に連れ込んでセックスしようとしている。しかも従姉を愛してなんかいないと、しれっと言える男なんて。信頼できる男っていないのかしら。愛情って？　ただのゲーム？自分に結婚する勇気が持てないのはそのせい？

シャワーを浴びてバスタオルを巻いたまま出てきた彼は、いきなり私を抱き上げて浴室まで運び、「出てよ」という私の言葉を無視して、私を裸にして身体を洗い、濡れた私の身体を寝室まで運ぶと、ベッドに放り出した。

私はどうせ遊び気分だったし、ハンサムな男の誘惑に抵抗するつもりはなかった。彼のキスは口から胸へと下がっていき、さらにその下まで。いつしか私は陶酔の中にいた。彼が喘ぎながら私の耳元でささやいた。「君が欲しい」

私の全身から力が抜け、頭は真っ白になった。でもこれだけはと思い、そっと訊いた。「あなたは責任を取れるの？」。そのとたん彼は現実に戻り、私が処女だと勘違いしたのか、彼は恐くなったようだった。彼は私の身体から離れてしまい、私も少し冷静になっていた。私が初めてではないと教えると、黙ってきつく抱きしめて、私の口を塞いできた。

セックスの後、私は疲れて朦朧としたまま寝入ってしまい、薄ぼんやりと彼がそばにいてキスをしているのを覚えていた。夜明け前、従姉からの電話で起こされてしまった。「何をしているの」と聞かれた彼が「起きたばかりで、ベッドで本を読んでいたところさ」と返事をすると、「あなたって本当に真面目なのね」と従姉に言われて、彼は愉快そうに笑ったけれど、私を見て、少しきまり悪そうだった。

電話を切ると、また欲望に火がついたのか、彼はいきなり私を抱きしめ、私の体中に舌をはわせ、噛んだり、舐めたり、吸ったりして私の口からは知らぬ間に喘ぎ声が漏れていた。乱暴しないでという私の言葉が刺激となったのか、彼はますます猛り狂い、それは一時間以上も続いた。

彼が疲れ果てて寝てしまうと、私はシャワーを浴びた。その後、彼に「今日、従姉に別れると言うんじゃなかったの？」と訊くと、彼は言葉を濁し、私の目を避けてしどろもどろに「もう少し考えさせてよ、言うタイミングを探すから」と言った。

私は服を着込むと、「さようなら」を言うのも億劫で、黙ってドアを開けて帰った。その時「お前の話なんか信じるアホなどいやしないわよ」と内心で毒づくのを忘れなかった。

それから半月後、従姉からの電話でいきなり「あなた、彼氏を見つけた？」と訊かれた。女は敏感なだけに彼とのことがバレたのかと、一瞬、不安とうしろめたさに襲われたけれど、そうではなかった。彼女は強いて冗談ぽく、彼とは別れたから彼を譲ってもいいわよと言った。私は慌てて「絶対断る。お金を貰っても要らない。永遠に独身でもね」と断った。その後も何度となく彼からは電話があったけれど、すべて無視をして電話に出なかった。

四

男が女を追いかける欲望には三つあって、それは征服欲、刺激欲、それに異性の美を追及する審美欲だ。

実は女も同じ。女が一緒に遊びたいと思う男は、ほとんど結婚しようと考える相手ではない。ちやほやされた男と女はとかく舞い上がってしまうもので、惨めな結末が待ちかまえている。

私がセックスをした五番目の男は隣人だった。

すでに母親の元から離れていた私は、さほど広くはないけれど、リフォームした中古のマンションに入り、居心地も比較的良かった。

一つの階段の踊り場に二戸が向かい合い、向かい側は新婚の夫婦だった。奥さんはわりと美人で、中学校の先生。ご主人も比較的ハンサムで、公務員で課長だった。私は近所づき合いが苦手で、よそのお宅へ行くのは嫌いだった。ところがお向かいさんは社交好きで、私はよくマージャンに誘われ、たまに一人だけ足りないからと言われて行くこともあった。そのうち友だちと一緒にバーに行くときも誘われるようになった。

私はフランクで仲むつまじい彼らの生活に入り込むつもりはさらさらなかった。それなのに結局は自分の男好きの遺伝因子に抵抗しきれなかった。それと相思相愛の幸せに浸っている男が美人の誘惑にどう反応するのか試してみたくもあった。

この課長さん、あまり教養がないのに知識人ぶりたがって、会話に時折、英語を入れたり、間違った成語を使ったりしていた。彼の英語の発音ときたら、舌たらずで不明瞭、そこで私は敢えて不遠慮に訂正してやった、
好色な男はたいてい口実を作るのがうまく、奥さんが外出すると、意味がわからない箇所があると英語の小説を持って私の家にやって来た。彼の目的はわかっていたので、私は彼とのつき合いを楽しんでいる振りをした。やがて二人の壁がなくなり、私は彼を「課長さん」、彼女は私を「お姫さん」と呼ぶようになった。

ある日、一人足りないからと奥さんからマージャンに声がかかったときのことだった。途中で彼のパイが床に一つ落ちると、彼は「水滸伝」で西門慶が潘金蓮にちょっかいを出す場面の真似をしてきた。彼はパイを拾うのにかこつけて、大胆にも私の足に触わった。だから私は足の指を彼の口の中に押し込んでやった。すると彼は足の指を素早く舐めて、何食わぬ顔をして座りなおした。すべては一瞬のことで、ほかの二人はまったく気づかなかった。

マージャンは深夜一時にようやく終わり、奥さんが彼女の友人を下まで送って行ったわずかなスキに、彼がいきなり私を強く抱きしめてキスをした。奥さんが戻ってきたときには私は玄関に来ていて、

奥さんから夜食を食べに行かないかと誘われたが、お二人でどうぞと言って断った。

それから数分後、彼が私の家のドアをノックし、そっと忍んできた。家内が夜食を買いに行った、と言うとすぐに私を抱きしめ、キスをしようとしながら両手を私の背中に回してブラジャーのホックを外しにかかった。

私がわざと脅かすように「奥さんが戻ってきたわ」と言うと、彼は一瞬手を止め、外の様子を慎重に窺ってから、また私の服の下に手を入れてきた。私は彼が火遊びをするならつき合ってやろうと、わざときつく彼を抱きしめたまま寝室まで導いた。彼は私のスラックスを下ろして、セックスをしようとしたけれど、私はわざとぐずぐずして彼をもて遊んでやった。それから間もなく、彼は急に怖くなったのか、慌てて家に帰ってしまった。

この男は本物の偽善者だった。「好き」とも言えないくせに、私の肉体を占有しようとしていたから。それからは彼とはわざとセックスをしないようにして、彼が私の部屋に来ても適当にあしらった。そのためだろう、次第に険悪な顔つきになり、ある日、私が尻軽女だと奥さんたちの面前で言っていたということをあとで知った。これ以降、私はこの男を私の記憶から完全に抹消した。

五

私の六番目のセックスフレンドは有名な映画監督だった。もう五十歳を過ぎているのに、三度目の結婚をしたばかりだった。

このぐらいの年齢になって仕事に成功し、金にも不自由しない男は、尊大に振る舞うか、知性に溢れた振りをして女を追いかけ回すようになるようだ。美人と見ると、プレゼントと食事攻勢をかけ、お目当ての美人が彼のことを尊敬する素振りでも見せれば、すぐ図に乗って言い寄ってくる。こういう男たちはたいてい精力過剰で、しょっちゅう女の尻を追いかけ回そうとする。

彼の名前は残念ながら言えない。全国向けテレビに登場したこともあって、名前を言えば、ほとんどの人が知っているはずだから。

彼とは偶然、友人のパーティーで知り合った。皆、アルコールも少し入り、超有名人が来たというので、彼と一緒に写真を撮ろうとした。彼は嫌な顔もせず、それぞれの要望に応えていた。私の番になったとき、私がわざと身体を彼に密着させた。するとさりげなく、私の肩に手を回して抱き寄せ、写真のあとすぐに名刺をくれて、私の電話番号も訊いた。しかもパーティー終了直前には高級ワインをプレゼントしてくれた。

それからというもの、電話やメールが頻繁に来るようになった。それは食事への誘いもあれば、旅行への誘いもあった。私は食事の誘いにはあまり魅力を感じなかったけれど、旅行へは行ってみたいと思った。どんな遠方でもいいから旅行に行こう、費用はもちろん自分が持つと彼が言ったので、私は新疆行きを提案した。金持ちの男が女を手に入れる常套手段は金に糸目をつけないことと、どんな無理な要求でも呑むこと。

一週間後には私たちは新疆《シンジャン》にいた。美しい天山山脈とその自然に抱かれ、トルファンの干し葡萄を食べ、楼蘭遺跡の神秘を楽しんだ。また南山牧場では乗馬に興じ、万仏宮にも詣でた。そのたっぷり一か月の旅行を続ける間、私は彼とのセックスを拒み続けた。肉体関係を持ったとたん、それでおしまいだとわかっていたから。そのため最後の最後まで私は自分の肉体を与えなかった。

最後の晩、私は彼の目的を遂げさせてやった。その日の夜、彼は「君がうんと言うなら、ぼくは離婚するよ」「君の肉体はすばらしい」「君は美貌と聡明さから生まれたようなものだ」と、これまで多くの男からいやと言うほど聞かされた言葉を囁き続け、私は密かにせせら笑っていた。

この旅行で彼は十数万元（中国人平均年収の一年半分程度――訳者注）使ったはずで、この世の中がおかしいのか、それとも私自身がおかしいのか、あるいは両方ともおかしいのかもしれない。誘惑は至る所にあり、常に水際を歩いていればいつかは靴が濡れるはず。いつも靴が濡れていればそれを脱ぎたくなるもので、私には結婚への恐怖感がある。言い換えれば、この世には自分の一生を託せる、生涯信頼できる「良質の男」なんていないと思っている。

もしもそんな男がいたら、私の性格は変わるかもしれないし、私の感情の遺伝因子も変えてしまうかもしれない。でもそんな男、いるはずない。いるなら是非紹介して欲しい。

近年の結婚事情

中国の婚姻事情を述べるにあたり、中国の法定結婚年齢、計画出産政策について説明しておきたい。中国では、一九五〇年の婚姻法による法定結婚年齢は、男性が二〇歳、女性が一八歳だったが、一九八〇年から一人っ子政策の実施と共に、婚姻法の法定結婚年齢も男性が二二歳、女性が二〇歳に引き上げられた。二〇一六年に新しい婚姻法が発表されたが、法定結婚年齢は一九八〇年の規定のままである。これは世界の国々の中で、もっとも高い法定結婚年齢である。ちなみに、日本の法定結婚年齢は男性が一八歳、女性が一六歳からである。中国は法定結婚年齢を他国より平均二〜四歳引き上げ、一人っ子政策とセットで推進することで、人口の膨張に歯止めをかけようとしたことは言うまでもない。その後、少子高齢化現象が進み、二〇一五年末に一人っ子政策を廃止した。

さて、中国の今の婚姻事情を知るには、「華人婚姻恋愛のバロメーター」と言われる百合網（ネットワーク）婚姻恋愛研究院が主導する「中国人婚姻恋愛状況調査報告」は、有力な参考資料の一つだと思われる。百合網は中国の婚姻恋愛をサポートするネットワークの先駆け的存在であり、毎年、国の研究機関や組織と連携し、中国人の婚姻恋愛状況の調査を共同で行っている。二〇〇七〜二〇一二年までは中国婦女連合会の婚姻家庭研究会及び民政部の中国社会工作協会婚姻紹介業界委員会と、二〇一三年は中国人口福利基金会と、二〇一四年は婚姻恋愛研究の専門家・オピニオンリーダー・メディアの専門家からなる「百人推薦団」と、二〇一五年は北京大学社会調査研究センターと共同で調査を行い、現在まで九年に渡って調査を進めてきた。そして、調査項目は年度ごとの婚姻実情を反映し、多少重複するところもあるが、多方面に渉って展開しているのが特徴である。

そこで百合網婚恋研究院の各年度の調査報告の要点を紹介しよう。

初めての調査となった二〇〇七年の報告では、七七％の女性は結婚相手の人柄を最も重要視し、経済力を重視する人は三％に過ぎなかった。八一％の人は婚姻が個人のことであり、親に干渉されたら説得に尽力すると答えている。また、六〇％の人は結婚相手の学歴を気にしないと答えていた。ところがリーマンショックの影響か、二〇〇八年の後半になると一変し、結婚相手選びの基準は経済条件（持家、貯金など）が人柄と並ぶようになった。

二〇〇九年にはネットを通じて結婚相手を探すのが流行り、「裸婚（地味婚）」、「隠婚（既婚者が結婚事実を隠し、未婚を装うこと）」、「猟婚（婚活）」などの言葉が世に出た。「剰男、剰女」（適齢期を過ぎた男女、広州市の統計では二〇〇九年男は三五歳、女は二八歳である注1）に共通してみられる問題は、恋愛未経験（約五〇％の人が恋愛経験一回以下）、見合いの途中放棄（六割強の人）、親か友人が結婚相手を代わりに募集し、周りの人の婚姻や恋愛の不幸が伝染すると考える「不幸伝染病」（約一〇％、特に女性は一二・四％）などがある。

二〇一〇年では、九二・八％の女性は結婚相手の安定的な収入を必須条件と考え、七〇％の女性は持家のある人と結婚したいと回答している。また、五〇％の男性も持家は結婚の必須条件と見ている。理想の職業は、男は公務員、女は教師となった。農民工（出稼ぎ労働者）が都市部に大量に流入したことにより、農村部にいる若い世代は婚姻の危機に直面し、農民を結婚相手に選ぶ人はごく少数で、女性が〇・七％、男性が三・三％のみだった。

二〇一一年は両極に分かれる傾向が現れ、地味婚か、選ぶ基準を下げずに待ち続けるかのどちらかになっていた。「閃婚（電撃婚）」、「閃離（スピード離婚）」もよくみられる現象となった。三割強の女性は男性が結婚の費用を全額負担、もしくは男性の負担を多くすべきで、結婚後の住宅も男性が購入すべきだと考えていた。また五七％の女性は自活する力を持つより玉の輿に乗った方がいいと考えていた。

二〇一二年に入ると、親しい異性がいるのに結婚したくない人が増えていき、三三・二％の独身男女は自ら「恐婚（結婚が怖い）」と認め、その理由として主に男性は「家がない、家族を養えない、結婚費用が払えない」、女性は「不倫が蔓延、DVが怖い」であった。結婚後財産管理、家計分担の点では、五三・二％の女性は妻が財政権を握るべきだと思っているが、男性は一七・九％しかそう思っていなかった。

二〇一三年は幸福度調査を行い、自分の家庭に対し、一九・八％の人はとても幸せで、四一・三％は比較的幸せだと感じているらしい。学歴が高いほど家庭に対する幸福感が強く、修士課程卒以上の人は七〇・四％、短大卒以下の人は四九・四％が幸せだとしていた。幸せな家庭を作るために男性の三五・八％は同じ生活習慣を重視する（女性は二六％）に対し、女性の五五・一％は経済条件や生活レベルを重視する（男性は三四・七％）傾向があった。また調査報告によると、二〇一三年時点で男性三八・二％、女性四一・一％が三〇歳の結婚を晩婚と認識している。そして、適齢期を過ぎた女性の年齢については、女性の六六・六％が三〇～三五歳だと考えているのに対して、男性の八一・五％は三〇歳過ぎだと考え、そのうち六〇・九％は二六～三〇歳を結婚最終ラインと考えている。一方、適齢期を過ぎた男性の年齢については、女性の七〇・三％が三五～四〇歳だと考えている。男性は六七・六％が三〇～三五歳だと考えていた。

二〇一四年の調査報告では、男性六二・一％、女性八〇・〇％の人が「生活範囲が狭く、ぴったりの人が少ない」ことを独身の理由として挙げた。また、独身男女は毎日一人でいる時間は六時間を超え、三二・三％の女性は家で連続ドラマを見、六六・六％の男性はネットに夢中になっている。婚恋ネットサービスは独身男女に歓迎され、登録人数は数千万人に上り、四割強の独身はかつて婚恋ネットと結婚紹介所を利用したことがあると回答している。「奉子成婚（出来ちゃった婚）」も白い目で見られることが少なくなり、若い男女の三割はこれを問題視せず、特に男性は楽観的な態度を取る人が多いようだ。また、二〇一三年から二人っ子政策が試行されて以来、夫婦の二番目の子を持ちたいかどうかを調査した結果、夫五三・八％、妻四三・一％が二人目を持ちたいと回答した。「二〇一五年中国人婚恋状況調査報告」は初恋について調査し、一九八〇年代生まれの人の初恋は一八・五四歳に対し、九〇年代生まれの人は男性が一五・一八歳、女性が一二・六七歳になっている。その他、性行為についても調査し、一九八〇年代生まれの人の初体験は二二・一〇歳、九〇年代生まれは一九・七八歳である。なお、調査によれば、二〇一五年の中国の初婚年齢は二二〜二八歳で、男性は二五歳以後に結婚した人が六三・二九％で、女性は二三歳以後結婚した人が八三・〇七％となっている（中国婚姻法では男性晩婚年齢は二五歳、女性は二三歳となっている）。男女とも平均初婚年齢は二七歳であった。ちなみに日本の場合、二〇一四年において男性は三一・一歳、女性は二九・四歳が平均初婚年齢である（注2）。

九年間の調査報告から、中国の婚姻事情は大きく変わったことがわかる。経済成長とともに人柄や性格より経済条件を重視する傾向が強まっている。生活範囲の狭さや「宅男、宅女」（オタク）が増えたことによって、結婚するには自由恋愛や知人紹介、見合いなど従来の方式からネットや親代行などの手段も用いざるを得ない時代になってきている。若い世代の晩婚化が進み、「剰男、剰女」（負け組）が増えていることが一つ大きな社会問題となっている。しかし、経済が発展し考え方も柔軟になってきているにもかかわらず、結婚費用や結婚用住宅はほぼ男性が持つという現状は、女性の方がまだ古い観念から脱皮できていないと言えるのではないだろうか。ちょっと昔までは考えられなかった「出来ちゃった婚」も批判の対象ではなくなりつつあり、受け入れられるようになってきている。二番目の子を持ちたいという思いは夫の方が妻より強い。それはやはり家系や血のつながりを重視する中国の伝統的な考えの現れかと思われる。家庭幸福度の調査では、六割以上の人が今の家庭が幸せだという結果になり、言い換えれば三割くらいの家庭が幸せではないと感じているということであろう。

（T・ナブチ）

注

1、二〇〇九年十一月三日、『広州日報』

2、厚生労働省が二〇一六年一月一日発表した、平成二七年（二〇一五）の人口動態統計の年間推計による

結婚はしたけれど

取材方法：ＱＱチャンネル（チャット）によるインタビュー、全五回
取材相手：Ｃａｎｄｙ
年　　齢：二十六歳
略　　歴：大卒、ぽっちゃり系、自由業。

一

以前、私のハンドルネームは「悲しき若妻」といった。

この悲しみは口にできないものだ。最も身近な人にさえ話せない。

チャットルームに入ると、知らない男性は決まってこう尋ねた。「なぜ悲しいの？」私はいつもこう答えた。「何でもないの、気持ちが塞いでいるだけ」聞かれたって、私はとても恥ずかしくて口にできなかった。見知らぬ人にどう話せばいいのか、私はわからなかったし、話せたとしても信じてもらえなかったろう。

いま私は、離婚歴のある二人の男性を愛し、愛とは何かを味わって、やっとこれまでの事を話せるようになった。

私は広西《グヮンシー》チワン族自治区の小さな町で生まれ、大学卒業後、一人で上海に職探しに来た。半年後、私はある小さな会社の経営者——彼のことを名前の一部を取って「偉《ウェイ》」と呼ぶことにする——と知り合った。きっかけは、偉の会社の求人募集に私が履歴書を送ったことだった。私は背は高くないが、スタイルはよく、顔も写真写りがいい。だからだろう、書類では魅力的な第一印象を持たれた。彼は何十とある履歴書から私一人を選び、私一人を面接に呼び、その日の午後にはもう仕事がはじまった。

偉は当時二十八歳。まだ結婚もしてないし、恋人もいなかった。彼は最初から私をとても気遣ってくれた。この冷たい都会で、人に好かれることは、私にとって確かに心休まることだった。彼の親切はだんだん手厚くなり、瀟洒なワンルームマンションを借りてくれ、コンパクトサイズの家具を一揃い買ってくれた。お菓子が好きだと知ると、山のように買ってきてテーブルいっぱいに積み上げたし、出張から帰るといつもお土産を持ってきてくれた。

恋愛の過程はみんなと同じで、温かく、わくわくし、幸せだった。ただちょっと違うのは、彼が性的なほのめかしや要求を何もしてこなかった点だ。だが当時私は、彼は私を愛しているので初夜まで待つつもりでいるんだと思い、人より幸せな気がしていた。

一年余りのち、私は彼と結婚した。

新婚の夜、激しく抱き合いキスしあった後も、彼の体には何の反応もなかった。初めてでとても緊張しているのだと思い、「焦らないで、私はもうあなたのものよ。落ち着いて」と言うと、とたんに彼は不機嫌になり背を向けてしまった。私は彼の背中を抱いて彼を慰めた。「きっと初夜のときはみなそうなのよ、緊張しないで、いい？」彼は気を取り直して、凝ったキスを私に浴びせ愛撫した。彼の手が徐々に下に滑り、指が私の敏感な部分で動き回る。どういうことなのか分からないうちに、身を割くような痛みが走った。なんと、彼は指で私を娘から女へと変えたのだ。

心中、私はたまらない気持ちだった。物語に聞いていたロマンチックな初夜は、このように指一本によって歴史的任務を終えた。ひどく落胆したが、優しい彼を傷つけるのが忍びなく、私は彼を悪く思うことができなかった。あの日は彼が緊張していたからだ、そのうち普通の夫婦生活が送れるようになる、そう私は思っていた。ところが後になって、彼が性的不能だと知らされた。

セックス経験のない女性は、セックスに対する要求が高くないのかもしれない。内心とても残念だったが、彼と別れるつもりはなかった。病院で治療してもらえば良くなるはずだと私は考えていた。彼はあちこちの病院で診察してもらい、いろいろな滋養強壮剤を飲んでもみたが、効果はなかった。

こうして結婚して一年余りたっても、私はまだ本当のセックスを経験していなかった。女友達が夫婦生活のことを話し出すと、私はいつも話題を変えた。またネット上で語られる情事の有り様を読んだときは、エクスタシーの描写に好奇心をかきたてられる一方で、よく解らなかった。

これほど優しい人には生涯二度と巡り合えないと思うほど、偉は私に優しくしてくれた。しかし、偉の機能的な疾患は治療しようがなく、生涯正常な夫婦生活は望めないと想像すると、人生がまるで真っ暗な底なし穴のように感じられた。私はまだ二十四なのに、これからの日々どう辛抱すればいいのか。私は次第に彼が出勤した後、よく一人家で泣くようになった。

二

一人で家にいるのはとても寂しい。私は〝新浪（ニューウェーブ）〟のチャットルームに入り始めた。私は自分のネームを「悲しき若妻」とつけ、すぐさまアダルト関連のルームに入った。大勢の中で一人だけ私の注意を引いた人がいた。彼は私に最初にこう言ってきた、「きみはきっと夫婦生活の楽しみを得られなくて悲しんでいるんだね」占いでもこんなにピタリと当たることはない。私はドキッとした。なぜそう思うのかと尋ねると、彼は言った。自分も口にできない苦痛を味わっているから、と。彼の妻はセックスに非常に冷めていて、一年に数回あるかどうか、そのため彼は悶々とした毎日を過ごしているのだという。もしかすると「同病相憐れむ」で気持ちが解るのかもしれない。

私は急に何もかも話したい欲求に駆られた。口に出せない秘密が喉に詰まり、どうしても吐き出してしまいたかった。少し話をして気が合うと分かると、私は彼に自分の秘密を打ち明けた。彼は「悲しむのは体に良くないよ、旦那さんが優しくしてくれるんだから、もう少し楽しく過ごさないと。人生は短いんだ、苦しんでも一生、楽しんでも一生だよ」と慰めてくれた。

それからの毎日、私たちはチャットのＱＱで思いを綴った。私が彼を待つのでなければ、彼が私を待つというふうに。次第に彼の背景が分かってきた。彼は上海近郊のある町で公務員として働いており、一流大学卒だった。彼は私に職場の電話番号を教えてくれたので、何度か電話をかけてみると、いつもオペレーターが繋いでくれる。私は彼を信用した。私たちの間には、少しずつ相手への思いが生まれ、チャットをしない日があると気が塞いだ。

二か月後のある日、彼は出張で上海に来た。来る前彼は、別に大した用事ではないんだが、会いたいので、きっかけが欲しかったんだと言った。そこまで言われたら、会わないわけにはいかない。「四時ごろ、コーヒーでも」という話だったが、約束の時間にならないうち、彼からまた電話が来た。「用事がもう済んだから、今から迎えに行くよ」初めてチャ友に会うので、なんだか緊張するし、ドキドキもした。私は急いで身繕いを済ませた。

四時五分、彼の車が住宅地区の入口に着いた。彼が電話をくれたので、私はすぐ降りていった。ところが奇妙なことに、いつも六時半に帰ってくる夫が、今日はなぜか、私がエレベーターで降りたとき不意にエレベーター口に現れたのだ。予想外のことに、私は夫に行先を聞かれてしどろもどろになり、野菜を買いに行くと言葉を濁した。家にはまだたくさん野菜があるじゃないかと夫が言うので、私は果物を買いに行くと言った。夫は私についてきた。

住宅地区の入口に私は一台の車を認めた。窓を開け、三十過ぎの男性がきょろきょろしている。私は彼が私を待っていると分かったが、夫が傍にいるので彼に声をかけることができなかった。私は携帯を素早く切った。

私たちが買い物から戻ってくると、車はまだそこに停まっていた。

夫は普段通り、私を怪しむ素振りは少しもない。一時間ほど経ってから、携帯を見ると、三十五件の電話、十八件のメールが入っていた。すべてあの公務員からだった。食事を済ませ、夫が入浴しているとき、私はようやく彼に返事を出した。さっき下に降りていったら思いがけず夫に遭ってしまった、大変申し訳ない、また機会があったら連絡してと。彼は怒りもせず、理解してくれた。その後も二回、その公務員がわざわざ会いに来てくれたが、毎回私が下に降りていくと、魔法のように一階で夫に遭った。まるで狐につままれたようだ。まさか私と夫の間にテレパシーでもあるのだろうか？それともただの偶然？

後日チャットの最中、何気なく見知らぬ人にこの奇遇を話したら、その人は私に言った。「おそらく君の旦那が家に監視カメラを設置しているか、君の携帯を盗聴しているんだよ」私は驚きが怒りに変わり、怒りから恐怖になった。自分の日常がまるで監視下に置かれた犯罪者のような暮らしに思えた。尊厳も自由もなく、動物となんら変わらない。私は携帯を新しくし、わざと誰かと会う振りをしてみた。すると、その日も夫が早く帰って来たので本当に怖くなった。こんな毎日は悪霊にとり憑かれているような気がして、夜中に突然目を覚まし、冷や汗をびっしょりかいていることもあった。

この家がだんだんと墓のように思えてきた。私は公園に行ってメールを出し、わざと誰かと会う約束をした。思った通り夫は私の状況を知っていた。私はついに夫が私の携帯を監視していると確信した。そこで、携帯を池に投げ捨て、新しいのを買った。使い始めて二日、私はわざとデートのメールを出してみた。夫には何の動きもなかった。三日目、また夫の監視に捕まった。しかし、夫は帰宅しても何食わぬ顔をしていた。

この家にはもう居られない。新鮮な空気を吸わないと、息が詰まって死んでしまう。

三

私は公衆電話からあの公務員に何度か電話したが、何度もすっぽかされたせいで、彼は私の真意をはかりかね、会話の熱も次第に冷めていった。

寂しさがまた募ってきた。底なしの寂しさは女性に何かを求めさせる。

ある日、夕食を終えて新聞をめくっていると、あるツアー広告に目が行った。文面はとても煽情的だった。「もし独身貴族の日常に飽きたら、もし代わり映えしない家庭生活に飽きたら、もしあなたが夢のごとき甘美な旅を楽しみたいなら、どうぞロマンチック香港マカオ三日間ツアーに一人でお申し込みください。参加年齢は二十~四十歳、一人で参加する限り独身と見なします。このロマンチックな旅がもしかすると一生の幸せの始まりかもしれません」寂しい心が、急に何かを探し求めたくなった。私はしばらく考え、翌日の午後、とうとうそこに電話をかけた。

旅行会社のコールセンターの女性は感じがよく、こちらのおおよその情況を尋ねた。私はだいたいありのまま答えた、もちろん既婚という一点を除いて。同時にこちらの要望も彼女に伝えた。目的は憂さ晴らしなのだから、猪八戒みたいな醜男と三日も過ごしたくはない。香港人やマカオ人の前で恥ずかしくないカップルに見える相手を選んでほしいと。他にはあれこれ注文はしなかった。どのみちこの見知らぬ人に嫁ぐわけではないのだから。

二日後、私は旅行社に行き手続きを済ませた。行く前は、あれこれ尋ねられるかもしれない、証明書の提出を求められるかもしれないと、ちょっと心配だったが、意外にも旅行社は、身分証明書の番号を控え、料金を請求する以外は、何も聞かず求めず、すんなりと事が運んだ。

数日後、ツアーが出発した。その日私は数分遅れて指定の集合場所に着いた。着いたときにはもう数十人の男性女性がそこで怪しげなひそひそ話をしていた。責任者の女性はにこやかに私に挨拶をしてから、五十近い中年男性を紹介した。男性はやや痩せ形で、きりっとした顔立ち、丈夫そうな体つきをしている。第一印象は小綺麗でパリッとした感じ。とりわけ良いというわけではなかったが、嫌な感じもしなかった。

私たちは旅行社の手配にしたがって、ペアを組んだ。一日目は深圳に飛び、すぐ羅湖《ルオフー》の出入国検査所を通って香港に向かった。男性の心遣いは細やかで、私の荷物を持ってくれたり、私の左側を歩いてくれたりと、礼儀正しく品があった。私はしだいに彼に好感を持つようになった。

旅行社は参加者の宿泊に湾仔《ワンチャイ》ホテルのツインルームを用意していた。ペアになった人は〝同泊〟してもいいし、別の人と部屋を変わってもかまわなかった。多くの人がこのように一夜の関係を結んだ。ところが私はこの一歩が踏み出せず、彼がこの要求——今もって体験してないこと——を求めてきたらどうしようかと気を揉んだ。私の気持ちを察してか、彼は先にこう言ってくれた。夜は私の眠りを邪魔したくないから、前もってもう一部屋とってあると。この言葉に私の緊張はほぐれた。私たちは楽しく二時間余りトランプに興じた。最初は勝ち負けを競い、そのあと手品や占いをした。彼は話し上手で、ユーモアがあり、大人の雰囲気の中にちょっとセクシーさが漂っていた。九時を回ったころ、彼は言った。「香港の夜景を見にちょっと外へ出てみないか。そうしないと香港に来た意味が無いよ」

私は頷いた。

私たちは繁華街やデパートを見て歩いた。途中素敵なスポーツウェアーを見つけ、着てみたらサイズもぴったり。でも値段がなんと九千八百元もする。私は驚いてそれを返し、すぐ店を出ようとした。ところが、彼が私を引き止め店員にすぐ会計を頼んだのだ。

私は言った。「会ったばかりよ。それにあなたと関係を持とうとも思っていないわ。なのにどうして？　払い損よ！」

「出会いは縁だよ。遊びに出てきたのは憂さを晴らすため、楽しいことはいいことさ。心配しなくていいよ、僕は別に下心はないから」と彼は言った。

私は半信半疑だった。彼が別の部屋を取ってあると言ったのは、口先だけだと私は思っていた。しかし、ホテルに戻り、私を部屋の入口まで送ると、彼は「おやすみ」と言って自分の部屋に行ってしまった。本当に言行一致の人だ。

翌朝、参加者たちはそれぞれ奇妙な表情で顔を合わせた。ある人は意味ありげに、ある人は忌々しげに、またある人は満面キラキラ輝く太陽のようだった。

ツアー参加者は一緒に香港ディズニーランドに遊びに行き、ジェットコースターに乗った。最もスピードが出るのは一回転するときだ。私は心臓が跳び出しそうなほど怖かった。このとき彼は絶えず、「大丈夫、大丈夫、僕がついている」と言ってくれた。一番怖かったときに、彼が私を気遣ってくれたことが、私には嬉しかった。

三日目、私たちはマカオへ行き、リスボアカジノで数時間遊んだ。帰り道、カジノで負けた私を気遣い、彼は道々笑い話やおかしな出来事を話して笑わせてくれた。ときどき、急に駆けだして子どものような仕草をする。私はふと、彼はもう最初に会ったときのような中年男性ではなく、エネルギッシュな若者のようだと思った。もしかするとこれが彼を好きになったきっかけかもしれない。

上海に戻ってきた私たちは、リムジンを降りたらレストランで食事をし、その後サウナに行って疲れを取るつもりでいた。ところが〝真昼間に幽霊を見る〟とはまさにこのことで、なぜか一番起きてほしくない事に限って起きるのだ。通りを渡って角を曲がり、もうすぐレストランの入口というところまで来たとき、私たちはばったり夫に出くわしてしまった。私はすぐ繋いでいた手を放した。夫の顔はどす黒かった。旅のパートナーは私に手を振り、「お先に失礼。何かあれば電話かメールをして」と言って去って行った。私は夫と帰宅するしかなかった。

離婚はもう時間の問題だった。二年近くのセックスレス結婚。すでに私は陰で無数の涙を流し、女として受け入れがたい思いを十分してきた。ただ夫が私によくしてくれるので、何度も別れたいと思いつつも決心できないでいたのだ。実のところ、夫の苦痛は私より軽いわけではない。だが彼は手放したがらなかった。私たちは寝室を別にした。以前は同床異夢だったが、今は異床異夢となった。矛盾はしだいに大きくなり、ちょっとしたことですぐ言い争いになった。

ある日、些細な口喧嘩が元で、彼はキッチンに駆け込み包丁を持ってくると、自分の左の人差し指を切り落としてしまった。溢れる血を見て私は気が動転したが、少し落ち着いてからすぐ切り落とした指を持って夫を病院へ連れて行った。二か所目の病院でようやく接合手術をしてもらった。しかし、指は接いであるだけでもう動かせなかった。

私がどんなに理を説いても、どんなに情に訴えても、どんなに冷たくあしらっても、夫は別れてくれなかった。結婚というのは、時に、人を苛む罠となる。あの用紙を軽く見てはいけない。紙きれの法的効力を無効にしたいとどんなに望もうと、命の代価を払っても無効にできないときがある。私はいろいろな死に方を考えた。幸い例の旅友が心の支えとなってくれたので、結局死なずに済んだのだ。

自分では解決できないと、私は弁護士を頼んで裁判所に訴えを起こした。弁護料に八千元、夫も同様に少なからぬ金額を費やした。ついに裁判所は和解を勧め、夫はやっと納得し離婚に応じた。しかし財産は何一つ私には分けず、衣類と生活用品しか手元には残らなかった。

この結婚には二人とも精根尽き果ててしまった。経済的なことは置いておくとしても、彼は指を一本不具にしてしまい、死んでも元に戻ることはない。さらにこの二年精神的に張り詰め続け、夫の苦しみはおそらく生涯消し去ることはできないだろう。そして私もこの二年、苦しみ、涙を流し、女にとって最も大切な青春を失った。

四

離婚後、私は引っ越した。と言っても、持って出たのはスーツケース一つだけ。これからどこに行けばいいのか、どこが私の家なのか分からず、私はスーツケースを引いて通りを歩きながら、泣き続けた。夕闇の迫るころ、突然例の旅友からメールが来た。彼は私に迷惑がかかるのではと心配し、しばらく連絡をよこさなかったのだ。彼は私がすでに家を出たことを知らず、ちゃんと食事を取るよう、夜はゆっくり休むよう言ってきた。私は返事をしなかった。気持ちの整理がついてから連絡しようと思った。

私はサウナに行き、自分を徹底的に洗った。これからまったく新しい暮らしが始められるようにと。その後一軒のホテルに入り、携帯を切って、赤ワインを半分開け、思いっきり泣いてから、二日間眠った。

二日後、携帯を見てみると数十件のメールが入っていた。すべて旅友からのものだ。彼は私に何かあったと思い、一晩中気が気でなく寝られなかったらしい。私はやっと彼に離婚したことを告げた。そして今は一人でホテルにいると。彼はすぐ車で私を迎えに来た。

私は彼と正式に付き合い始めた。

上海という経済中心の都会で、女一人金もなく、仕事もなくては、生きていこうにも生きていけない。私は仕方なく彼と一緒に暮らすことにした。彼は長いことやもめ暮らしで、付き合うと同時に同居、これは変な感じだった。

以後、私は彼を「おじさん」と呼んだ。

おじさんは私をとても慈しみ、私には何もさせず、家事はみなメイドにさせた。彼と暮らしはじめて、私は本当の女になった。不幸な結婚にほとほとうんざりしていたが、宝のように大切にしてくれるこの人とは、生涯添い遂げたいと心から思った。

おじさんの前妻はアメリカに移住し、息子と娘は上海に住んで、それぞれ家を持っていた。息子は自由業、主に株を動かしている。娘は父親の会社で人事部長を務めていた。二人は私たちが一緒になることに反対した。娘は言った。自分と同じ歳の私が継母になるというのは下心があるからで、父親が亡くなったら財産を手に入れようとしているのだと。息子の方は、父親がまた母親とよりを戻してくれるかもしれないと幻想を抱いていたので、結婚には反対だった。

当初私は、おじさんが中堅どころの会社社長で、上海に不動産を五か所持っていることなど何も知らなかった。彼は一言も言わなかったし、私は財産が目当てではなかったから。

私はどうせ口先だけで反対しているにすぎないと思っていた。現代人なら、離婚や同棲、年違いの恋などとっくに見慣れているはずだと。ところが思わぬ事に、彼ら兄妹が父親の不在時に突然押し掛けてきて、実力行使に出た。おじさんに電話をしようとしたら、娘がバッと電話を奪い取り、彼女の連れてきた男たちが私を引きずり出そうとした。私は泣いた。悲しくて、どうしようもなくて。

揉めていると、意外にも息子が妹をなだめ出した。「見たところこの人は良さそうな人じゃないか。恋愛は大人のする事だから、たとえ実の子どもでも干渉はできないよ」なぜ息子の態度が突然百八十度変わったのだろう？　彼らが引き上げたあとも、私はこの事が気にかかった。おじさんにも話してみたが、「息子は優しい子だから、迷惑をかけたりしないよ」とさほど気にもかけなかった。

だがそれからというもの、息子は三日にあげず訪ねて来るようになった。父親の顔を見に来たと言って。しかし父親が毎日会社に出勤し家には居ない事を知っているはずだ。父親に会いに来たというのが口実なのは見え見えだった。息子は訪ねて来ると、しばらく雑談してから帰っていった。だが私を見る彼の目つきが、いつも盗み見するような感じで、何か腑に落ちなかった。息子はちょっと太めだったので、私は彼を胖子《パンズ》（ふとっちょ）と呼び、彼はいつも私の名を呼んだ。

あるとき、おじさんが出張で桂林に出かけた。投資に問題が出て、自ら処理に当たらなければならなくなったらしい。彼が桂林に着くとすぐ、山東省済南の弁護士から連絡が入った。訴訟がまもなく審議に入るが、利害の絡む民事裁判だから関係者を食事会に招き、もてなしと贈り物で人脈を確かなものにしたい、と弁護士が言ってきた。

桂林に着いたばかりの彼は、一つには忙しくて手が回らないし、二つにはすぐ帰ることはできない。そこで胖子に代理を頼むことにした。彼は胖子が事情に疎い点を懸念して、会社の副社長を同行させようとした。ところが胖子は父親に私を同行させるよう提案した。理由はこうだ。女性がいたほうが話しが自然で上手くいくことがあるし、プライバシーに関することに部外者が関わるのはまずいと。

彼は一理あると思い、すぐ私に電話をしてきて、胖子と一緒に済南に行くよう言った。彼は今回の件で私と息子の関係がよくなり、自分たちの関係を息子が支持してくれればと願っていたのだ。彼のために、私は胖子と済南に行くことにした。

招待はすべて弁護士が手配した。その日招いた客は八人、弁護士と胖子と私を入れて十二人だった。山東人は情に厚く、宴会となれば、飲めなくなるまで杯を酌み交わす。その日は、私も胖子も今までにないほど酔い潰れ、私は自分がどう戻ったのかも覚えていなかった。

目が覚めたとき、胖子が裸で私の隣に眠っていた。私は驚いて跳び退き、ふと自分の姿を見ると、同じく裸だ。私は枕を取って胖子を叩き起こした。すると胖子は手を伸ばして私を胸に抱き寄せ、いやらしい笑いを浮かべた。なんと彼はとっくに目を覚ましていて、寝ているふりをしていたのだ。私は何が起きたのか悟り、胖子にびんたを二つ食らわせた。私は泣いた。彼の父親に顔向けできないと。

彼は私を抱きしめると言った。父親と別れてほしい、そうしたら彼が私を妻にすると。彼は私より一つ上だった。

私にはそんなことはあり得ないと分かっていた。すでに彼の父を愛しているのだから彼を愛することなどできない。だが事は起きてしまったのだ。何を言ってももう遅い。

上海には一人で戻った。

五

おじさんが戻ってきたとき、私の気持ちは完全には立ち直っていなかった。ぼんやりしたり落ち込んでいる私を見て、彼は何の疑いも持たず「それは離婚症候群だから、病気でも何でもないよ」と言って、以前にもまして細やかな気配りをしてくれた。毎晩入浴の前に私のためにネグリジェを用意してくれ、就寝前には明かりを消してくれ、目が覚めるとスリッパを整えてくれ、朝の洗面後にはいつも飲む水を用意してくれた。彼への愛が深くなるほど、私は胖子がこの暮らしを邪魔するのではと心配になり、ずっと気が気ではなかった。胖子は父親の出勤後によく電話をかけてきたが、私はいつも冷たくあしらい、ろくに口も利かずに電話を切った。

ある日、胖子は私に会いたくてたまらない、私の体が忘れられないと泣きそうな声で訴えてきた。私は突き放したが、しばらくすると彼はこの家にやってきた。メイドが彼を追い払うはずもなかった。なぜなのか自分でもわからない。頭では彼を徹底的に拒絶し、彼と不道徳な関係を持ちたくないと思っているのに、その日彼にぎゅっと抱きしめられると、魔が差したようにまた彼と関係を持ってしまった。今回は行くところまで行ってしまった。不思議なことに、前回ほど彼が厭ではなくなっていた。その後、胖子は味を占めたのか、毎日のように父親の出勤後に訪ねてきた。そんなとき、また一週間後におじさんがアメリカに出張し、一か月留守にする事になった。そうなると胖子は遠慮がなくなった。最初のうちは彼を嫌っていた私も、そのうちどっちつかずになり、ついに彼を受け入れてしまった。私は一方で自分の厚顔無恥を責め、一方で肉体の欲望を抑えられず、自責と欲望の間で、思い悩み後ろめたさを感じた。

このような後ろ暗い日々が終われば、不倫の熱は次第に冷め、せいぜい裏に悪女の顔を持つ女になるぐらいなものだ、と高をくくっていた。ところが思いもしなかったことに、ほどなく私は自分の妊娠に気がついた。これは胖子の父親がアメリカから帰ってくる前日のことだった。私は一人で病院に行き、医者から「おめでたですよ」と聞かされても、少しも喜べず、胸の奥に悲しみが湧き出した。この子の父親は胖子だが、私は彼を少しも愛していないし、愛することもできない。

私はあの長いセックスレス結婚を経験し、やっとのことで離婚して本当の女になったのに、義理の息子となる男の子どもを身ごもるとは。自分が撒いた種は自分で刈り取らねばならない。私はまず風邪の振りをして、時間を稼ぎ、恋人の目を反らしておいてから考えるしかなかった。胖子はお腹の子が自分の子だと知ると、父親と別れるよう毎日せっつき、私の心は乱れに乱れた。

運命のいたずらだったのだろうか、こんなとき以前何度もデートの約束をしながら会いに行けなかった公務員の彼が、突然電話をかけてきた。元気にしているかと。彼はまだ私のことが好きだとも言った。私たちはずいぶん長いこと連絡していなかったので、それを聞くと私は涙が止まらず、電話中に泣き出してしまった。公務員は私が暗い日々を送っていると知り、ともかく会わねばと、「明日車で迎えに行くから食事をしよう」と言うなり返事も聞かずに電話を切ってしまった。おじさんという人がいながら他の男性とデートなんて、すべき事ではないのだが、このときの私はどうしても打ち明ける相手が欲しかった。積もり積もった話を誰かに聞いてもらいたかった。

翌日、彼は本当に車で迎えに来た。かつて何度も私とのデートがダメになってしまったこの一途なチャ友は、私を一番よく分かってくれた人だ。ところが運命の悪戯か、私が離婚して別の人を愛してしまってから、会う機会ができたというわけだ。

彼はとても気概のある垢ぬけた男性だった。彼は私に、自分の結婚生活がずっと満たされないままだったので、あの時ネットで心の拠り所を探していたのだと言った。今ようやくきっぱりと離婚して、自由になり、私と昔の縁を取り戻したいと。

私は彼に妊娠していることを打ち明け、言い終えると泣いた。彼は私のお腹の子が胖子の子だとは知らないので、恋人が冷たい仕打ちをするとか、関係が冷め切っているとでも思ったのだろう、別れるようしきりに勧めた。その上「子どもは実の子として大切に育てるよ」と真剣に言ってくれたが、私は心を決めかねていた。

帰った私を見て、おじさんはため息をついた。「愛情を大切にすることを知らない君は、いずれ後悔することになるよ」彼の言うとおりだ。だがお腹の子どものせいで私は冷静になれなかった。私は悪い女だ。地獄に落ちるしかない。

胖子がまた電話をかけてきたとき、おじさんは疑念を抱き始めた。彼はわりと物静かな性格で、口数も少なかったが、内心分かっていたようだ。私に失望していく彼の苦しみが見てとれた。私にはもう逃げ道がなかった。この世に失敗を無かったことにする薬など無いが、もしあったなら、私は自分の命とさえ引き換えにしただろう。お腹は日一日大きくなり、これ以上留まれば、子どもの安全だけでなく、父と子を反目させることになる。私はいろいろ悩んだ末、こっそり姿を消すことにした。

妊娠二か月半のある日、おじさんが仕事に行ったすきに私は荷物をまとめ、車で迎えにきた公務員と「駆け落ち」してしまった。私たちはひたすら車を走らせ、百キロの道のりは、少しばかり地の果てを彷徨う感じがした。

その時、私は悟った。愛する愛さないにかかわらず、愛の深さにかかわらず、さらに今後結婚するしないにかかわらず、もう他の男性と一緒になることはできないと。

いま子どもは三カ月になった。女の子だ。私のボーイフレンドがこの子を嫌いではないとしても、しょせんは他人の子、気持ちの上では少しぎくしゃくしている。当初彼が私と結婚したいと言った誓いも、今では延び延びになっている。私にどうしろと？　私はもう彼に結婚を言いだせない。結局自分でまいた種は自分で刈り取るしかないのだ。彼が私といてくれるだけで良しとしなければならない。

実のところ、私のような悪い女は、結婚しても幸せにはなれないし、結婚しなくても幸せにはなれないのだ。これからは子どもと肩を寄せ合って生きていくしかないのだろう。これも定めに違いない。

心はひとつ

取材場所：深圳福田尚島喫茶店
取材相手：許筱婷《シュシャオティン》
年　　齢：二十七歳
略　　歴：浙江省出身。アモイ、東莞《ドングワン》、深圳、北京を点々とする。喫茶店店長。

一

私は浙江省の海沿いの地方都市で育った。高校卒業後は進学せず、家で数カ月家事手伝いをしていたが、詰まらないし寂しかった。両親は小商いをしており、私のために仕事を探す暇などなかった。人生は不思議なものだ。偶然としか言いようのない出会いがある。ある日あまりに暇なので、高校の級友とアモイのコロンス島へ旅行に出かけた。級友が二人一緒の写真を取ってもらおうと、通りかかった人に声をかけると、その人がなんと以前世話になった小学校の国語の先生だったのだ。級友は先生を知らないし、先生も始めは私に気づかなかった。だが、構えていたカメラを下して私をまじまじと見ながら、「きみはもしかして筱婷《シャオティン》じゃない？」と尋ねるではないか。私もよくよく見て驚いた。こんなところで先生と再会するとは。

小学校のとき、私は国語係だったので毎日欠かさず先生に挨拶をしていた。先生も私に目をかけてくれ、作文が上手に書けると、よく模範作文として授業で読み上げてくれたりした。中学進学後は会うこともなくなり六年、異郷でばったり再会して嬉しくないわけがない。先生の顔に浮かぶ笑みと落ち着いた物腰は六年前と変わらず、昨日も会ったみたいに何の違和感もなかった。

先生は私が高一のとき、教職を辞しアモイで仕事を始め、その後この地に茶舗を二軒開いたという。結婚してまだ一年ちょっとだそうだ。その日の昼、先生は私たちにご馳走してくれた。海鮮の専門店である。食事前、先生は奥さんに電話をして、今日偶然私たちに出会ったことをありのまま楽しそうに説明した。奥さんへの思いやりが見てとれ、その表情や声に、男性のセクシーさは体形だけではなく、時にはその物腰のほうがずっと人を魅了するということを知ったのも、このときだった。

食事中、先生がちょっと席を立った。それまで俯いていて話をしようとしなかった級友が、先生が席を立つと、すぐこう言った。

「あの先生、とてもすてきね！　あんな人と結婚できたら幸せだわぁ」

「気にいったのなら、タダで譲ってあげるわ」と冗談で言うと、級友は意味有り気に言った。「じゃ、あたし、彼にアタックするわ。あとでやっかまないでね」

「ちょっと、先生にはもう奥さんがいるのよ！　男と見たら誰にでも手を出すのは止めてよ」私は級友に釘を刺した。

先生は戻ってくると、私たちに尋ねた。「どうして進学も就職もしてないんだい？」

「大学の勉強って、古臭いことばかりでつまらなそうだから、社会に出て見聞を広めたほうがましかなって。でもまだ仕事が見つからなくて、フフフ……」

「もしよければ、うちの店で店員を一人募集しようと思っているんだけど」と先生が言った。

級友はそれを聞くなり、口を挟んだ。「それなら、私たち二人一緒では駄目ですか？」

先生は言った。「今のところ必要なのは一人だけでね。もっと忙しくなれば可能だけど、店も小さいし人ばかりいてもね。二人で相談してくれないか。給金は高くないけど、同郷人だし師弟の間柄だから、住まいと食事の心配はいらないよ」

級友は私を見た。そのすがる様な目は、この機会を自分に譲ってくれるよう私に訴えていた。先生は彼女のこの仕草を察知したのかもしれない、自らこう切り出した。「やはり筱婷にまず働いてもらおうかな。彼女は僕の生徒だったからご両親も安心するだろう。彼女がアモイに馴染んだころ、君のことも考えよう」

旅行に来て帰らないなんて、聞いたことがないし、両親も怒るに決まっている。私は心の準備ができてなかったので、こう答えた。「まず一旦帰って、準備してから戻ってきます」

二

私は帰宅して身の回りを整理すると、数日後にはアモイへと向かった。

先生はもともと奥さんと二人で一店舗ずつ切り盛りしていた。朝から晩まで忙しく、顧客に品物を届けるために店を一時閉めなければならないこともあった。私が来て店番を手伝うようになったので、先生は品物の仕入れや配達に専念できるようになった。

勤める前、茶の知識は皆無で、〝茶芸〟については言わずもがなだった。そんな私に先生は辛抱強く丁寧に教えてくれ、そのお蔭で茶の奥深さを知ることができた。

例えば、茶葉は常温で十日おくと味が変わったり、香りが飛ぶので、必ず冷蔵しなければならない。私は真空包装機の使い方を覚えた。茶葉の色つやや香り、味などから品質を見分ける初歩的な力も養った。緑茶は不発酵、鉄観音は半発酵、紅茶は全発酵だというのも理解した。春茶と秋茶の違いも分かるようになったし、茶を聞くこともできるようになり、茶道の簡単なお点前と茶芸の初歩を習得した。先生は自分の茶文化の知識を可能な限り私に教えたいと思っているようで、まるで妹のように可愛がってくれた。

私たちは午前九時に店を開け、午後九時に店を閉め、一日十二時間働いた。とはいえ、店に座ってお茶を飲み、休んでいるのと同じぐらい気楽だった。

私は店の近くの単身者用アパートに住んでいた。先生が一年前に買ったところで、朝と昼は近くの食堂で食べ、夜はたいてい自分で作った。ときどき先生は私と奥さんを食事に連れて行ってくれた。

ある日、店の客が帰って私たちが一服していたとき、私は我慢できずにプライベートなことを先生に尋ねてみた。「先生、結婚して一年余りになるのに、どうして子どもを欲しいと思わないんですか」

このとき先生が事情を話してくれた。奥さんは不妊症で、おそらく一生子を望むことはできないと。

私は先生が気の毒になった。夫婦にとって子が出来ないことは、子に代わるものがないだけに、さぞや無念なことに違いない。でもだからと言って先生が愛する奥さんを離婚するはずもない。

どういうわけか、この話を聞いてから私は先生に対して尊敬だけでなく、言葉にできない微妙な気持ちを抱くようになった。もっと先生の暮らしぶりに気を配り、今まで以上に先生を労わりたいと思うようになった。

それ以降、先生の靴が汚れていればすぐ磨き、先生が店に来るとすぐお茶を入れ、実家から特産品が送られてくるといつも先生に分けてあげた。

私たちは話をするほどに意気投合し、どんなことでも話に花が咲いた。本の感想や社会問題の見方だけでなく、経営戦略や店内のディスプレイまであらゆる面で意見が一致した。

私は彼を「先生」と呼んでいたが、心では大好きなお兄さんと思っていた。

奥さんは、不妊症が原因なのかもしれないが、ホルモンの乱れから乳腺症を患い、胸が痛むといつも言っていた。その後病院で検査をすると、乳房にしこりが見つかり、薬では根治が難しいので、手術をして取り出すのが一番いい、と医者に告げられた。

手術後、奥さんは家で一週間ほど養生したが、私と先生が代わる代わる彼女の世話と店番とをこなし、二人とも忙しさにすっかりやせ細ってしまった。しかし、先生と苦労を分かち合っていると思うと、辛いとは感じなかった。奥さんの体が恢復したばかりのころ、さらに子宮内膜症が見つかり、またもや面倒な手術を受けた。

この手術は命にかかわるものではなかったが、奥さんの体力は以前に比べかなり衰えてしまった。

先生もずいぶんやつれ、一日中暗い顔をしている。私は二人のために、市場でニワトリやブタの胃袋を買ってきて滋養のあるスープを作ってやった。

先生は私が好意を持っていることに気づいていたが、顔には出さず胸にしまっていた。彼は妻と別れるつもりはなく、私を愛したとしても、正々堂々と付き合うことはできないため、自分を厳しく抑えていた。しかも私が卒業したばかりのうぶな生娘かもしれないから、傷つけてはいけないと思ったのだろう。実のところ、私は高三のとき、交際していた社会人の彼の誘いに応じて、半年ほど肉体関係を持っていた。私は先生と一緒に食事をしているときわざとこの事を話題にした。先生と男女の仲になりたいと思って言ったのではない。その時は、先生の気持ちを慰めてあげたい、と単純にそう思っていた。しかし毎日店を閉めるとき、先生がもう一度顔を見せに来てくれないか、店を開けるとき、先生に少しでも早く来てほしい、と望んでいる自分がいた。夜寝るときはよく彼とベッドを共にする夢を見た。

あっという間に春節が近づいてきた。春節は茶葉の商いが一番忙しい時期のため、先生は店を閉めて帰省などできなかった。しかし奥さんの方は術後の体調を心配した母親が何度も電話で家に戻って養生するよう勧めたため、春節の数日前に福州《フーチョウ》の実家に帰ってしまった。大みそかの夜、私たちは年越しの食事をし、一緒に春節晩会（年越しの歌番組）を見て、番組が十二時過ぎに終わると、私はいつものようにアパートに戻ろうとした。すると先生が夜食を食べないかと引き留めた。春節の賑わいに心の中の寂しさがいや増して、私も先生とお酒が飲みたかった。二、三時間飲んで、もう帰らなくてはと私が言うと、「もうすぐ夜明けだよ。外はとても冷え込んでいるから客間でちょっと休んだらいいよ。しばらくしたら、朝食を食べて一緒に遊びに出かけよう。今日は休業だ」と先生が言った。私は素直に「うん」と返事をし、また二人で飲み続けた。覚えているのは、トイレに行こうと思って立ち上がると、目が回り、足がよろめいて倒れそうになったことだ。「飲み過ぎだよ、ちょっと休みなさい」先生はそう言うと、私を客間に抱えていった。先生が部屋から出ていこうとしたとき、私は彼の手を摑んだ……

そんなことがあって、先生は罪悪感からだろう、春節のあいだ暗く沈んでいた。私も先生も離れていると互いに思いが募り、一緒だと奥さんに済まない気持ちになった。先生の家庭を壊してはならないと思った私は、奥さんに早く戻るように電話をした。「先生がとても疲れているので、早く帰ってきてあげてください」と。数日後、奥さんは帰ってきた。

それ以降、私は先生と二度と関係は持たなかったが、前と変わらず先生を気遣い、奥さんの世話をし、店の経営を一生懸命手伝った。

一年が過ぎ、先生はまた支店を二軒開いた。彼は田舎の親戚から何人もの手伝いを呼び寄せたので、これでやっと心置きなく店を辞めることができると私は思った。

先生のもとを去り、私はある三つ星ホテルで販売部門の責任者となった。私たちはその後も連絡し合い、祝日には互いにメールを送ったり、何かあれば電話で相談したりした。二人とも心は通じ合っていた。

さらに一年が過ぎ、私はアモイを離れた。だが心は先生と共にある。私は彼のもう一つの魂なのだ。すぐ近くにいるときもあれば、地の果てに離れ離れのときもある。しかしどんな時も彼が私の命の中に存在していることを感じるのだ。彼が私の人生観や価値観に同意してくれるとは限らないが、私の選択は必ず尊重してくれるに違いない。

三

私は広東省の東莞に向かった。多くの同郷人や同級生がその地で一旗揚げ、羨ましく思っていたので、まずはその奇跡の地を見てみようと考えたのだ。

級友の阿嫻《アーシェン》はナイトクラブでチーフマネージャーをしており、給金はわずか二千数百元なのに、東莞に百㎡余りのマンションを持っていた。同郷の柳恵《リウホイ》は自由業で定職はないが、真っ白なサンルーフカーを運転していた。昨今は、〝蛇には蛇道、猫には猫道〟と、誰にでも生きる道があるのだ。

とはいえ私にはそんな裏道はなかったので、こつこつ働くことにした。仕事は阿嫻が紹介してくれた食品会社の営業スタッフだった。基本給はたったの千五百元だが、歩合制で、ボーナスもあり、住まいと食事は保証されていた。私の仕事は市内と周辺地区のスーパーやレストランに自社の加工食品を販売することだ。不慣れな土地なので、私は労を厭わず細心の注意を払った。最初の月、私の営業成績は社内最下位だった。しかし三か月目には、第二位にまで成績が伸び、社長と社長夫人は私をとても褒めてくれた。

社長は四十過ぎの潮州《チャオチョウ》出身の人で、色黒というほかにはこれといった欠点が無く、向上心があり、おしゃれで、優しく、責任感があった。夫人も非凡な女性だった。しかしなぜか、二人はよく口喧嘩をしていた。ときにはほんの些細なことで、顔を真っ赤にしてやり合っていた。あるとき、オフィスで夫人が社長と人目もかまわず喧嘩を始めた。同僚の話だと、夫人が販路を開拓した大手小売店から契約を打ち切られ、同業者に市場を奪われ、大きな損失となったらしい。相手は傘下にスーパー二十九店舗を抱える大手小売店だ。夫人は何度も交渉したがよい結果は得られなかった。機嫌が悪いと何気ない一言にカチンときて、二人とも負けん気が強いものだからすぐ喧嘩になるのだ。

彼らのためにこの契約をもう一度取り戻そうと、私は自ら進んで社長にこの件を自分に任せてくれないかと掛け合った。社長は「時間の無駄だ」と鼻で笑った。でも私は諦めず、彼に相手方の担当者と連絡先だけ教えてくれればいいと粘った。上手くいかなくても損はしないし、電話を数本掛けてちょっと会うくらいなものだと。椅子に身を沈めていた社長は、面倒くさそうに立ち上がると、背後から分厚いファイルを取り出し、以前その会社と交わした契約書を抜き出すと、自分でコピーしろと言って渡した。

私はコピーを取って、書類を社長に返しに行った。社長は、さっきの態度は失礼だったと思ったのか、こう言った。「すまないね、筱婷。君はよく気を使ってくれるよ」

「いいえ、当然のことです」私は答えた。

契約書には会社名、代表者名、担当者、住所、連絡先、すべて記載されていた。

契約書を手に、私は相手方とどう接触するか考えた。二十分ほど考え、私は直接その会社の代表周《チョウ》氏に電話をした。すると本人が電話に出た。私は自分の肩書きを名乗ってから、わが社の製品が最近の技術改良により、食味や衛生面や包装が良くなったので、試していただき、貴重なご意見を伺いたいと述べて、やんわりと食事に誘った。

周氏の答えは「時間が取れるかどうかは、六時にならないと分からない」だった。私は脈があると感じ、「六時に必ずお電話します」と言って、彼の同意を取り付けた。

六時、私は時間通りに電話をしたが、誰も出ない。何度も掛けてようやく女性の声がした。周氏の秘書だった。彼女が言うには、周氏は午後急性虫垂炎になり入院したと。私は自分が彼らのスーパーの納入業者だと言って入院先を聞くと、彼女は疑いもせず、すぐ病院名と病室の番号を教えてくれた。

これはチャンスかもしれない、私は思った。

次の日、私は大きな花束と多くの高級滋養品を買って見舞いに行った。彼はすでに手術を終え点滴をしているところだった。私の突然の来院に、彼は驚いたようだったが、好意的に迎えてくれた。私はちょっと世間話をしただけで、仕事の話は一切口にしなかった。

周氏が退院すると、私は彼を栄養価の高いスープを飲みにわざわざ連れて行き、何日も彼の食事に付き合った。数日もしないうち彼の顔色はすっかり良くなった。この間も私は本格的に仕事の話を持ち出すことはせず、何かのついでに少し匂わすだけにした。

まもなくして、周氏の方からお酒の誘いがきた。広東ではこのような言葉をよく耳にする。「女性を食事にレストランに誘うのは、まじめな話をするため。喫茶店に誘うのは、デートのため。酒に誘うのは、セックスのため」私は彼と酒を飲みに行くことにしたが、その一方で思った。万が一彼が本当にそのつもりだったらどうしよう？

夜九時、時間が早かったので、店内の客はまだまばらだった。舞台正面のテーブル席には誰も座っていなかったが、周氏は私を目立たない隅の席に連れていった。彼は赤ワインをオーダーし、タバコを取り出すと「こういう場所へ来たら、吸わなくてもずっと間接喫煙しているようなものだから、吸いなさい。女性がタバコを嗜むのは悪いことではないよ」と一本勧めた。私は初めてタバコを吸った。しかも男性向けのタバコだったので、辛いは鼻にツーンとくるはで、むせて涙が出た。彼は隣りで笑いながら見ていた。「君のその様子はとても可愛いね、お酒を飲む様子もきっと可愛いだろうね。さあ、乾杯しよう」私は我慢して彼につきあい、飲みっぷりのいい振りをした。ああ、世の中を渡るのは、ままならないものだ。

十時半を回り、店のショーがこれからというとき、彼は「ここを出て、オフィスに行って契約をしよう」と言った。彼の様子がなんだかぎこちなく、いささか唐突に思えた。だが仕方ない、こちらは頼む側だ。それにこの契約が取れれば達成感を味わえるはずだ。私は言われるがまま彼と一緒に店を出た。彼のオフィスは一九八〇年代のデザインで、奥に小さな寝室のようなものがついていた。契約書を取り出してサインするのだろうと思っていたが、彼はそんな素振りもなくおしゃべりを続けている。酔いが回ってきて、私はちょっとめまいがした。

「筱婷、気分が悪いなら、休憩室で休むといいよ」と彼が言うので、私は大丈夫と答えた。「やはり休んだほうがいい」彼はそうと言うと、強引に私を抱きかかえ小部屋に向かった。私の意識はしっかりしており、この部屋に入ることが何を意味するかもわかっていた。しかし私に考える時間はもう残されていなかった。この大きな契約は私の東莞での運命を左右し、社長の事業展開にも関わってくる。あんなに私を買ってくれている社長のためだ、一肌脱がなくては。私は意を決し、そのまま中に入った。

後のことは、うわべだけは拒んでという具合。麻痺したような、悔しいような、仕方ないような、どうにでもなれといった感じだった。

深夜二時、周氏はようやくサインした。この契約によって、わが社は毎月十一万元以上の製品を彼のところに納品することとなった。

この夜、私は全く眠れなかった。初めての不眠症、朝まで横になっていたが少しも眠くならなかった。

翌朝、私はやはりいつものように出勤した。私が社長室に入ると、社長が突然立ち上がり、何かを察知したような表情で、微笑みながら尋ねた。「もしかして契約が取れたのかい？」

私は聞き返した。「私にそんな力があると思っているんですか？」

「そうだとも」そしてハハハと大声で笑った。私は笑えなかった。

ところが、笑い声がまだ止まないうち、社長の笑顔が急に強張った。振り返るとそこに夫人いた。夫人は私が持っていた契約書を目にすると、顔色が曇り、遠まわしに嫌味を言った。「美人はする事が違うわね。狙った獲物はちゃんと手に入れるんだから。ふふ」

私は笑顔を作って「奥さま、この契約は奥さまが取ったようなもの、奥さまのお陰です。もし奥さまがこの販路を切り開いてなかったら、今回のことはありませんでした」と言った。夫人は意地悪そうに「私を立ててくれなくても結構よ」と言うと、さっと背を向け出ていった。

夫人は頭がよく仕事もできる女性だ。負けず嫌いで、自分のできない事をもし他人が成し遂げたら、心中面白くないだろう。これを境に夫人は私を目の敵にし、陰で私を妖婦と罵り、いつか夫が私に奪われるかもしれないと周りに言いふらした。こんな状況では、会社を辞め別の働き口を探すしかない。

まもなく私はこの会社を辞めた。とはいえ、すぐに適当な仕事が見つかるわけでもない。社長は私への申し訳なさもあり、私の業績と貢献も分かっていたので引き留めたが、私はやはり辞めることにした。彼は私に六万元の退職金をくれた。

社長はその後も私をよく食事に誘い、二人でいろいろな話をした。次第に私たちは親密な間柄になったが、この関係をどう言えばいいのだろう。男女の仲ではなかったが、私たちはまるで兄妹のようにじゃれあった。彼は妻のことでムカつくと、すぐ私のところに来て愚痴をこぼした。事の大小に関わらずなんでも私に相談し、意見を求めた。だから私も真剣に考えを述べ、助言した。

そうしてまだ一年も経たないころ、夫人は私が夫婦の仲を壊そうとしていると疑い、ある日ゴロツキたちを連れて家に来ると、東莞から出ていくよう私を脅迫した。出ていかないなら硫酸でその顔を焼いてしまうと脅して。数日後、私はこっそり誰にも告げずに引っ越した。携帯電話も変えた。こうして私は一人の気心の知れた友を失い、友は仕事の協力者を失った。後になって、社長が夫人と離婚したと聞いた。

妻が夫を縛れば縛るほど、失いやすくなるものだ。男性には自分の場所が必要なのだということを、彼女たちは解っていない。その場所は彼の仕事を大いに手助けするかもしれないのだ。聡明な女性は自分の夫にちょっとした秘密を与えておくが、愚かな女性は些細なことまで厳しく夫を管理しようとして、夫を失い、自分を見失うのだ。

四

東莞で三か月余り身を隠したのち、私は近くの深圳にやってきた。

当時は、寂しさを紛らわすため、夜になると一人で酒を飲みに出かけていた。とある酒場で私は北京から来た歌手と知り合った。彼は北京で三年ほど活動していたが、なかなか売れず、新規巻き直しを謀って深圳と東莞に来ていたのだ。

しかし付き合い始めてほどなく、彼は北京に帰ることになった。南の習慣や環境が合わないのだという。北京に帰る前の晩、彼と私は一晩中寝ないで、セックスをしたりおしゃべりをしたり牛乳を飲んだりと、朝までずっとそうやって過ごした。

出発の朝、私は彼に朝御飯を作った。これほど真剣に作ったのは初めてだった。だがこれが最後だと思うと、胸がしめつけられ涙があふれ出た。食べ終わると、彼が一緒に〝駆け落ち〟しないかと私を誘った。数秒間、じっと見つめる彼の目から真剣さが伝わってきた。私は微笑むと、何も言わずに荷物をまとめ、すぐ家主に引越しの連絡をし、午後には彼と北へ向かう列車に乗っていた。

彼は、自分は永遠のさすらい人、帰る場所などない、と言っていた。私はその後ずっと彼を漂哥《ピャオゴー》（さすらい人）と呼んだ。

漂哥は最初から、私と将来を築きたいとは考えていなかった。愛がないからではなく、二人とも金が稼げなかったのだ。一戸建てや自家用車は言うまでもなく、普通のアパートさえ望めなかった。それに彼はとても自信過剰で、落ち着いた結婚生活など無理な話だった。私の方もそのころは似たようなもので、彼とオーソドックスな愛を育めるとは思っていなかった。しかし私たちは互いに誠意を尽くした。

愛には、始めから後がないと分かっているからこそ、燃え上がり、一日一日を精一杯過ごす、そんな形がある。

あるとき、漂哥が夜帰ってくると私に言った。金持ちの未亡人が何度も彼に好意をほのめかすのだが、彼はまだ態度をはっきりさせてないと。彼が一人北京でやっていくのはとても大変なことだ。彼がより恵まれた暮らしができるよう、私は大いに彼をけしかけた。未亡人と一緒になって、できれば結婚しなさい。それもできるだけ早く。でないときっと後悔することになると。

愛と結婚は必ずしもセットではない。愛は美しくロマンチックだが、結婚は現実的なものだと思うときがある。もちろん、愛と結婚がぴったり合わさるなら、それこそ神の恵みで、死ぬまでこの上なく大切にすべきものだ。しかしそういう結婚は稀だ。

漂哥は私の強い後押しもあって、未亡人と付き合い始め、間もなく結婚した。結婚と同時に漂哥は未亡人の豪邸に引越し、それからは夫人のBMWに乗り、人の顔色をうかがったり、タクシーを拾って仕事場を回ったりすることもなくなった。本当に良かった。

漂哥と結婚した金持ちの夫人は、彼にカフェレストランを持たせた。彼女は店の事には関心がなく、毎日エステサロンやヨガに行くほかには、友達を呼んで麻雀をしたり、たまに株をいじったりするぐらいだった。一年後、漂哥は支店を開き、私はその店を手伝った。漂哥は事の大小にかかわらず、すべてを丁寧に私に教えてくれた。半年後私は店のマネージャーになり、一年後彼は全てを私に任せた。芸術家は金がないときは、まず金を稼ごうとする。金を持つと、自分の芸術にいっそうのめり込む。芸術は彼の命だ。その後の彼は、またエレキギターを担いでナイトクラブや酒場を回り歌を歌い続けた。だが、歌の雰囲気は以前とは全く違うものだった。

のちに漂哥はCDを出し、二人でその宣伝に全国の主要都市を回って歩いた。このCDは金にはならなかったが、彼自身は芸の道の転換点と見なし、目標を達成したような安堵を感じていた。彼はまるで別人のように、一日中子どもみたいに浮き浮きしていた。

漂哥は、最愛の人は私だと言った。一生離したくないとも言ってくれたし、私名義のマンションを買ってくれたりもした。だが彼は「水を飲む人は井戸を掘った人の事は忘れない」ということも知っている。もしあのとき金持ちの未亡人が彼を援助してくれなければ、今の自分はいない。だから彼は家では夫人をとても大切にし、夫婦仲はずっと良かった。私は彼に電話もメールもしたことがない。もし緊急の用でなければ、極力彼を煩わせず、彼の家庭生活に影響を与えないようにした。

成功した男性の後ろには、必ず黙々と彼を支える女性がいる。こういう女性はたいてい彼の妻ではなく、美人の親友だ。美人には必ず彼女をよく知る男性がいる。この男性は金ではなく、才能を持っているのだ。振り返れば、私は三人の男性を渡り歩き、二人の男性を愛した。決して多い数ではないが、深刻な傷を負ったこともない。私を愛してくれた二人は心から愛してくれた。これで十分だ。結婚というのは幌でしかない。心が一つになることこそ生きる心柱なのだ。まさにこの詩のように。

渉江采芙蓉
蘭澤多芳草
采之欲遺誰
所思在遠道
還顧望旧郷
長路漫浩浩
同心而離居
憂傷以終老

江を渉りて芙蓉を采る
蘭澤には芳草多し
之を采りて誰にか遺らんと欲す
思う所は遠き道に在り
還り顧みて旧郷を望めば
長き路は漫として浩々たり
心を同じくして而も居を離る
憂い傷みて以って老いを終わらん

〈古詩十九首　其の六〉

天国の恋人

取材場所：『深圳都市報』会議室
取材相手：梁翠葉《リャンツゥイイエ》
年　齢：三十六歳
略　歴：深圳市内の学校の指導部主任。

一

ここ数年泣いてばかりいた。一人の人間を思って血のような涙を流した。同僚は私のことを、涙を武器にする、羊の皮を被った女狐などと言うが。彼の名は梁金山《リャンジンシャン》という。小中学校の同級生で、初恋の人だった。

思春期に入った中学三年の清明節に、学校で烈士の墓参りに行った。私と彼はリーダーに選ばれ、二人で大きな花輪を持ち先頭を歩いた。

霧雨のせいで気分は沈んでいたが、彼が私のことを見た瞬間ドキドキした。ふたりとも恥ずかしがりやで、黙ったきりだった。歩いているうちに顔がほてってくるのを感じた。

私は背が低くて力もなかったから、心配した彼が私に負担がかからないよう手助けしてくれた。彼もそんなに力はないからたいへんだったと思うけれど、満足そうに見えた。

不思議なことに何年経っても、心が落ち着いているときは決まってどうでもいいような些細なことまで思い出すものだ。私たちの家は辺鄙な山村にあり、家は極貧で、大学受験はそこから逃げ出すための手段だった。ふたりとも寮に入っていて、家に帰るのは何週間かに一度だけ、食事は基本的には干し大根に御飯だけだった。信じられないかもしれないが、小さい頃は家に干し大根、漬物、米、サツマイモさえあれば天国だった。彼の家はそんなものさえ事欠く状態だったので、私はいつも誰もいないときにこっそり彼の机に干し大根や米を入れてやっていた。

話をすることは滅多になかった。学校で会うといつも、気になるくせに恥ずかしがってばかりだった。

二

大学入試が終わってから、近くの山へ初めてふたりで出かけた。

夜になると私の家に来たが、ろくに話もできなかった。送っていくときは両親に見とがめられたらどうしようと思った。これまでそんなことをしたことはなかったからだ。しかし夜の村は真っ暗になるので、懐中電灯を持って彼を送ってやらねばならなかった。

そのときは、自由な鳩になったような良い気分だった。村はずれの山の麓まで来たとき、道端の石に座ってとりとめのない話をした。初めは距離を置いていたが、最後はぴったりくっついて座っていた。そんなに遅くまで外にいたことはなかったし、寒いから帰りたいと思ったが、帰るのが惜しいような気もした。私は外祖母の家の離れに住んでいたので両親に気づかれる心配はなかった。彼が私を抱き寄せてキスした後、しばらくそのままでいた。とても幸せだった。

寄り添って三十分以上歩き、バスを三十分以上待ってから彼を見送った。疲れるどころか逆に元気がでるような気がした。

それが彼との始まりだった。花もチョコレートも、騒がしいディスコもいかがわしいバーもないし、電話で話をすることもなかった。

その年、彼だけが大学に受かり北京に行った。彼が旅立つ日、ずいぶん歩いて送って行った。彼は見送らなくていいと言ったが、ついて行き最後には抱きついてしまった。その後ほぼ毎日、互いに手紙を書いた。なぜ電話をしなかったのかと笑われるかもしれないが、村で電話を持っている人など何人もいなかったし、電話代も高かった。

お金がないから最初の夏休みに彼は帰省せず、中関村《チョンクアンツン》のマクドナルドでアルバイトをしていた。彼はマクドナルドのTシャツをもらったが、それは彼にとって一番いい服だったので次の日には私に送ってくれた。彼がそばにいるような気がして、毎晩そのTシャツを抱いて眠った。

翌年、私は地元の師範専門学校に受かった。ふたりのやりとりは相変わらず手紙で、今でも全部取ってある。何度も引っ越しをしていろいろな物を捨てたけれど、これだけは永遠に捨てられない。彼が大学に行っていた四年間で会ったのは二回だけだ。会いたくなかったわけではない。本当に貧乏をしたことのない人には絶対にわからないだろう。彼はアルバイトに明け暮れ、拾った酒瓶を売ることまでしていたのだ。

三

私が行った専門学校は三年制だったので、彼と同じ年に卒業した。帰ってきた翌日にはもう会いに来てくれたのに、私は出かけていてその日のうちには会えなかった。同じ地域とはいえ彼の家と私の家は三十キロ以上離れていたから、母は彼を家に泊めた。私の部屋を使うよう言ったのは、母も認めていたことになる。

翌日の午後に帰宅したとき、彼は私の父と山へ仕事に出かけていた。夕方帰宅したときには真っ黒で泥だらけ、無邪気に笑う顔はとても大学生には見えなかった。彼はものすごく素朴で誠実だった。名前で呼び合うこともなかったが、感覚だけで十分だと思う。

彼はアルバイトで稼いだなけなしのお金をはたいてポケベルを買ってくれた。贅沢はさせられないかもしれないけれど絶対に傷つけるようなことはしないと言って。思わず泣き出して彼にすがりついた。その夜、ふたりは結ばれた。彼のシャツをすぐに洗う気がせず、何日かベッドの脇にかけておいた。

四

同級生たちと同様、彼も深圳で食品会社に就職した。私は地元で教師になった。彼は深圳で順調にやっていくはずだったのに、私が余計なことをしてしまった。

一線を越えた男と女は、愛が深まるだけではない。彼が深圳へ行ってしまうと寂しくてたまらなくなり、彼が三か月の試用期間を終えたとき、会いに来てほしいと言った。彼は私と母を深圳へ連れて行くつもりで、ふたりに千元ずつくれた。その夜は仕方なく別々の部屋で眠った。

翌朝はふたりとも早いうちに目覚め、別々に抜け出して山へ行き、中腹の山小屋で落ち合った。小屋から出てきたらちょうど日の出で、感動的な光景だった。そのとき近くで小鳥の鳴き声がした。木の上に巣があり、お腹をすかせた雛が母親を呼んでいたのだ。ちょうどビスケットを持っていたので、雛にやったらどうかと言ったら、彼がいきなりビスケットを片手に木を登って行った。

やっとのことで巣に手が届いたとき、足元の枝が不意に折れてしまった。片手を巣にかけ片手にビスケットを持っていた彼は、急にバタバタと飛び出しそうになった雛に驚き、どこもつかむことができずに谷底へとまっさかさまに落ちていった。取りすがって泣いても返事はなかった。そんなふうに逝ってしまうなんて信じられなかった。今だに受け入れられないままだ。

両親を呼びに慌てて家まで走り、病院へ連れて行ってほしいと訴えたが、彼の様子を見た父は、病院は遠いし車もない、運ぼうとしても途中で死んでしまうと言って首を横に振った。幽霊が出るという噂があって不吉だからと、父は山小屋を燃やしてしまった。

五

美しいものは流れ星のように、あっという間に消えてしまうものなのだろう。

彼の両親が嘆き悲しむ姿を見て、彼が寂しがっているだろうから天国まで訪ねて行くことにした。最初は村はずれの橋だった。石の欄干に腰かけて彼のことを考えているうちに、すうっと落ちて行った。水は真っ赤に染まったが、私は村人に助けられ頭を十二針縫った。

気がついて間もなく、やはり生きていてもつまらないと思って農薬を飲んだが、また助かってしまった。二度と目覚めたくなかったのにと思うばかりだった。

数日後、会社から五千元余りの見舞金が出たので、全部彼の両親に渡した。一年以上ぼんやりしたまま過ごし、二〇〇七年の七月、なぜか深圳に来た。

九月初めには教師の職が見つかり、仕事に打ち込んだ。寂しいことは寂しいが、分厚い五冊の日記帳の中で彼は生きているからそれほど孤独ではない。そのせいか、私に愛を打ち明けてくれる人がいても受け入れることはできなかった。

命日にはいつも彼に会いに行く。墓標もない土饅頭の周りの草取りをし、花を供える。今年がいつもと違ったのは、彼とお母さんの二人分のお花を供えたことだ。彼のお母さんは悲しみのあまり泣き暮らし、去年の八月に亡くなった。お母さんのお墓はない。散骨した木の下に行くと、涙がとめどなくあふれて仕方なかった。

中国の学校事情・大学生の就職事情

現在の中国では大卒＝一部のエリートという考えは非常に薄らいでいる。二〇一六年、日本のセンター試験に相当する「高考」（普通高等学校招生全国統一考試）を受験した人数は九四〇万人余りに上った（二〇一六年日本のセンター試験受験者は約五十三万人）。「高考」は毎年、六月七、八日（地区によっては七、八、九日）に行われ、「自分の人生を変えることができる唯一のチャンス」と言われるほど、受験生本人のみならずその家族にとっても重要で「身近」なものになっている。ここでは、筆者が中国の大学で聞いた「九〇後」（九〇年代生まれ）の大学生の生の声を交えながら、中国の学校事情・大学生の就職・進路事情を紹介したい。

中国の学校教育制度は学前教育、初等教育、中等教育、高等教育に分けられている。学前教育は託児所や幼稚園、または小学校に付設されたもので、初等教育は小学校、成人初等教育（小学校で教育を受ける機会を逃した成人に対する教育）である。中等教育は普通初級中学（中学）、普通高級中学（高校）、初等・高等職業学校があり、中国の義務教育は日本と同様、小学校六年、普通初等教育三年の九年とされている。高等教育は主に大学、専科学校（日本の専門学校に相当する）に分けられている。

中国の大学は北京大学、清華大学をはじめとする重点大学（一本）、その下位に二本、三本というランク付けがされている。大学は一発勝負の「高考」の点数によって合格者を決定する。その「高考」も決して一筋縄ではない。中国は日本と異なり、受験する地区によって（他にも少数民族や高校時代の実績などによって「高考」に加点される）、その結果も大きく左右される。全国統一テストという名称ではあるが、北京市、天津市、上海市、江蘇省、浙江省は他の地区の統一試験とはそれぞれ異なる試験問題を作成している。そして、各大学は受験した地区ごとに合格定員数を決めており、最も人口の多い河南省の学生は他の地区よりもさらに厳しい受験戦争を戦わなければならない。そして言うまでもなく、北京大学に合格するには、北京で受験した学生の方が、他の地区で受験した学生より有利となる。

中国の大学生にとっても、大学は一つの通過点でしかない。筆者が授業をしていたのは、ある直轄市の「三本大学」の日本語学科である。以下、そこで聞いた大学生の考え方を交えながら、大学生の大学卒業後の進路について紹介したい。

「公務員になりたいけど、きっと無理だと思う」という学生は多い。しかし、岳昌君の「高校畢業生就業状況分析：二〇〇三～二〇一一」（二〇一二）によると、国家機関への就職率は二〇〇三年が一二・四％だったのに対して、二〇一一年には四・八％になっている。学校への就職も二〇〇三年が二三・一％、二〇一一年が七・五％に、国有企業への就職も同様に三四・五％（二〇〇三年）から二三・一％（二〇一一年）に下降し、公務員、または国家企業への就職は相当困難な状況にあると言える。一方、民営企業への就職は二〇〇三年の一〇・七％から四五・八％（二〇一一年）に上昇し、三資企業（外資系企業）への就職率は二〇〇三年が八・三％、二〇一一年が七・二％となっている。

北京大学教育学院教育経済研究所発表の「二〇一五年高校畢業生就業状況調査」によると、二〇一五年の学部卒業生の平均初任給は四千十元であり、二〇〇三年の千五百二元から約二・七倍に増えている。同調査結果をみると、学歴が上がれば上がるほど、平均初任給が高くなり、また男女間や就職する地域によっても大きな給料格差があることがわかる。

「親戚がいるから、とりあえず広州に行ってみる」。本書にも登場するが、南の大都市や北京などにとりあえず行ってみるという人も少なくない。「三流大学では良いところに就職できないから、大学院にいこうと思っている」。学業を続けることを第一の志望理由にしているのではなく、今後の就職のために大学院進学を希望する学生も決して少なくはない。しかし、中国の大学院も飽和状態にあると言える。二〇一六年の大学院受験者は百七十七万人で、合格通知を得ることができるのは五十一万七千人とされており、三人に一人しか合格できない状況である。そのため「中国で大学院に進むのは難しいから、日本の大学院に入る予定だ」という学生も少なくない。

このように高学歴化していく中国で、女子学生の多くは「これまで勉強してきたのを無駄にしたくないから」、「離婚したときに、困らないように」結婚しても働きたいと考えている。また、「結婚しても、自分でお金を稼げるのだから、家事が増えるだけで、意味がないので結婚なんてしたくない」という女子学生も珍しくない。

ここまで、中国の大学進学事情、また卒業後の就職あるいは進学の事情についておおまかに述べてきた。「監獄のようだった」と形容されるほど高校でみっちり勉強し、大学に進学できた後も、更により良い就職を目指して戦い続けなければならない。

そして、このような戦いで鍛えられてきた女子学生は非常に逞しい。結婚に憧れ、男性に守ってもらいたいと望むのは一握りである。今後も「独身女性調査」の〝サンプル〟集めには事欠かない、というところだろうか。

（鈴木大樹）

第三者って誰？

取材場所：『深圳晩報』オフィス
取材相手：董倩《ドンチェン》
年　齢：二十四歳
略　歴：大卒、広告会社社員、深圳在住。

恋人とは不倫だった

一九八六年生まれの私は、愛がわかるようなわからないような年頃だ。深圳はとても不思議な場所で、男はみな縁を語り、女はみな縁など嘘だと言う。私にとって恋は近くに転がっていても愛ははるか彼方にあるらしい。

どこかにあるはずの愛を探すうちに、不注意にも恋の渦に巻き込まれてしまい、ごく平凡な男と「深い仲」になってしまった。三十過ぎのその男は同棲を始めると、実は付き合って三年になる女がいると白状した。彼に騙されていたというわけだ。その女（以後「Ａ」と呼ぶ）も夫がいる身だった。

私かAか、どちらかを選ぶよう迫ったら、Aとは別れるつもりだと言った。Aの夫は気づいていなかったらしい。

負けるのも悔しいから、別れてくれなくてもいいと答えた。結局彼は別れられない理由をあれこれごたごたと並べたて、挙句の果てに私のことを「第三者」だなどと言った。おかしいではないか？結婚もしていないのに、「第三者」とはどういうことか。愛とは何なのだろうと思った。

女は彼を脅迫した

ひと月以内に別れてくれなければもうおしまいよと最後通牒を突きつけた。公平に争えば勝ち目が私にあるのは明白だったからだ。彼がAに別れ話を切り出すと、Aは死んでやると言って彼を脅迫した。そんなものは方便に決まっているのに、彼はAの機嫌をとり続けた。

私が彼といっしょにいるとき、Aはしょっちゅう彼に電話をかけてきた。私が苦しんでいるのも知らず、彼は楽しそうに相手をしていた。彼は、一人の人間と別れるのは時間がかかるものだ、焦ってはいけないと言うばかりだった。

私は彼の世話になっていたわけではない。ちゃんとした広告会社で働いているし、綺麗めで物分りの良い、優しくて賢い女だと見られていると思う。二人の同僚から告白されたこともある。

どうして男というものは、二人の女を同時に愛することができるのだろう？　全く理解できない。

彼と別れるのは私の全ての世界に別れを告げることと同じだから、想像するだけで涙が出た。その苦しみは、自業自得でもあったが。

他人と恋人を共有するだけでも苦痛なのに、更に不幸だったのは愛するべきではない男の子どもを身ごもってしまったことだ。産んだら絶対に後悔すると思い、建国記念日の連休中に中絶することにした。

堕胎して三角関係を解消

十月一日、彼は二日休みを取り病院へ行くのに付き添ってくれた。二日間は安静が必要とされ、Aが来ることもなかったので最高に幸せだった。私にとっての幸せとは、穏やかな日々を過ごすことなのだが、そんな日も長くは続かなかった。やはりAに邪魔されたのだ。どうしても別れられない、南山病院まで来い、来なければそこで自殺してやると彼を脅したのだ。彼が南山病院へ行こうとしたときは本当に死にたくなった。

昔の事などどうでもいい。結局彼は南山病院へAに会いに行ったので、きっぱり別れることにした。でも毎日泣いてばかりいた。くやしいけれど、三角関係は私から解消した。

今でも誰が「第三者」だったのかわからない。Aは、愛情のない人が第三者だとか、後から現れた私が第三者だとか言っていた。でも、結婚していたAにそんなことを言う資格があるのだろうか？なぜ私が第三者などと言われるのか。

私と同居してからも彼との関係は続いていたとAに言われ、頭の中が真っ白になった。嘘であってほしいと願いつつ問い詰めたら、彼はあっさり認めてしまった。三人とも、どうかしていたのだと思う。

この茶番劇の中でいちばん愚かだったのは私だと思う。しかし、自分が渦中にいるときには気づかないものだ。『私を愛した人、私が愛した人』という歌を知っているだろうか？　その歌詞は、まるで私のことのようだ。

しょっちゅう星空を見上げては尋ねてみる。どうして、真心はあるのに最愛の人と巡り会えないのだろう？　と。しばらくは立ち直れそうもない。神様がこんなに不公平だったなんて！

はっきりさせてよ

取材場所：『深圳晩報』オフィス
取材相手：曾《ツォン》妙《ミャオ》
年　　齢：二十六歳
略　　歴：大卒、会社員、美人、深圳在住。

三度すりぬけていった愛

高三のとき、人生で初めてバカなまねをした。プレッシャーだったのか反抗期だったのか、大学入試の二か月前にもなって、不良と付き合うようになったのだ。勉強もせずふらふらしていた彼に夢中になり、遊びまくっていた。ファーストキスの相手も彼だった。しかし最後の一線は守った。

大学に入って間もなく、一目惚れした相手は初恋の彼にそっくりだった。どれほど傷つけられても、最初に付き合った男は忘れられないものだ。初めて会ったのは軍事訓練の授業のときだ。一瞬彼かと思ったが、しばらくしてからやはり別人だとわかった。有名な韓国人の俳優そっくりで、素敵な人だった。クラスメイトには彼のことを好きだと打ち明けたが、直接告白する勇気はなかった。彼も恥ずかしがり屋で、知り合って二年も経ってから私に告白した。もちろん、拒否などするわけがない。

付き合い始めてしばらくしてから、互いに性格が合わないことに気づいた。抱き合っていても何となく違和感があったので、二か月後には別れた。感覚は大事だ。感覚が合わなければ相手に隙を見せることもないし避けることもできる。そのせいでずいぶんたくさんの男子に敬遠されたらしい。どうやら、みすみす男を逃していたようだ。

一番後悔しているのは、ある教師だ。若くてシャイで、授業中に度々私を見つめては指名したりするので、女子はみな彼の気持ちに気づいていた。その教師は愛嬌があって人当たりも良く、女子に人気があった。みんなは私に、彼の気持ちを受け止めろと焚きつけた。色仕掛けをして試験問題を教えてもらうためだ。みんなが私と彼を取り囲んで圧力をかけたところ、教師はこらえきれずに教科書の一部を指差した。そうやって、難関突破することができたのだ。だが結局、卒業と同時にその教師とは縁が切れた。

経験、そして愛を知らぬ人との巡り会い

大学卒業後はＩＴ関連の企業に三年間勤めた。とても良い会社だった。新しい会社で社員もやる気に満ち、雰囲気も良かった。その職場で、内向的だがユーモアのある男に惹かれた。彼にしてみれば、私は大胆で開放的な女だったのかもしれない。しかしバレンタインデーにキスを迫ってみたら、それ

以上のことをしてくれた。とろけるような気分だった。

彼には付き合って六年以上になる恋人がいることをみんな知っていた。しかし私は彼に対する気持ちを押さえきれなかった。その夜は理性的にふるまおうと「明日になったら忘れましょう」と言ってはみたものの、忘れるどころか行き着くところまで行くかもしれないと互いに感じていたはずだ。その後二週間ほど、彼とのことをいろいろ考えた。

私は開放的な女だから、大好きな人とならば最後の一線を越えてもいいとずっと思っていた。だがその一方で慎重でもあり、何となくこだわりがあったのか結局その一線は越えられなかったのだ。二十六にもなって、希少動物みたいだと思った。

二週後、口実を設けて彼の家に行き、そこでごく自然に結ばれたのだが、彼には「初めてだとは思わなかった」と驚かれた。私のことを尻軽女だと思っていたのだ。腹が立ったが、愛は盲目というではないか？　二股かけられてもいいと思い、そんな関係を一年間も続けた。ずっと二番目という立場は辛かったが、誰にもばれなかった。しかし彼を独り占めできないことに耐えられなかったので、別れる決意をした。人生最大の失恋だ。

それでも仕事の上での関係は断ち切れなかったから、何事もなかったようなふりをして耐えた。実は別れてからも、二年間は彼と何度か関係を持ち、そのたびに後悔していた。

街も、会社も、友達も大好きだった。だがこのままではダメだと思い、その街を離れることに決めた。

最後はどうでもよくなって……

結局、東北まで行った。新しい環境で同僚や友人もできる一方、色目を使う男も少なくなかった。仕事をする上で、けっして色仕掛けだけはしまいと考えていたから失った客も少なくないだろう。

新しい出会いもあった。誠実そうな男にプロポーズされ、私もこの人ならばと思い承諾した。みんなも喜んでくれた。しかしその幸せは二か月も続かなかった。彼は仕事人間で、恋人ができたことに安心して以前ほどかまってくれなくなった。彼が必要としていたのは妻となる人間で、恋愛ではなかったのだ。二か月の間に一度キスしてくれただけで、一日じゅういっしょにいても手も握ろうとしなかった。私のことを大事に考えてくれているのだろうと思い、何とかがまんした。しかし、いくらメールを送っても返信してくれなかった。そのことで私が怒ると「忘れていた」などと言うので、たったの二か月で彼には愛情を持てなくなった。

結婚とは、お互いを大事に思い苦楽を共にすることではないのか？　結婚する前に男がかまってくれなくなったら、それは相手を、跡継ぎをつくる道具としか思っていないということだ。最終的には「もう私にメールしないで」と彼に送信し、私の記憶からも彼の存在を削除した。本当に返事が来なかったので、笑うしかなかった。

私は一人になった。完全に独身生活に戻った。短い恋愛はまるで夢のようだった。もうよく覚えていないが

ゲームなのか夢なのか

取材場所：メールによる遣り取り
取材相手：Marry
年　　齢：二十一歳
略　　歴：武漢出身、会社員。

上司とのジェネレーションギャップ

私は武漢出身なので、本当は武漢の記者に話したかった。本名を出さなくても親戚が読めば絶対にわかってしまうが、どうしても話したかった。自分のことは自分で書きたいから、おおよそのことはメールで送る。訂正が必要ならば、意図を変えずに直してもらいたい。でもやはり、自分の全てを賭けるつもりなので、発表する前に見せてほしい。

私は今年二十一歳、実業高校で日本語を学んだのち、お得意様専門の営業職に就いた。月給は三千五百元で、肩書きは部門責任者ということになるだろうか？　この歳にしては悪くないし、私のスタイルも悪くないだろう？　三十四歳の腹の出っ張った男と運命的な出会いをして深い仲になったこともある。彼が初めての男で、その動機の半分は自分の昇進だ。軽い気持ちだったが、彼に恋人がいることがわかって揉めたりもした。不幸なことに私は真剣に彼を愛してしまった。そうなる前は、自分で書いたシナリオどおりに事を運ぶつもりだった。しかしシナリオどおりに進めようとすればするほど、私の意図からはずれていった。

入社したときの上司は四十歳くらいの女だった。新入社員からやがてお局様となり、主任の地位についていたのだ。悪い人ではなかったが、ジェネレーションギャップはどうしようもなかった。そのうえどことなくヒステリックで、私がちょっとしたミスをしても長々と説教された。新入社員が彼女と仕事をするのは、ものすごく苦痛なことだった。

辞めようと思ったこともあるが、ある人に「その人に取って代わる気はないのか？」と諭され、一番になってやると決意した。毎日一番にオフィスに来て最後に帰り、顧客も増えていったが上司を超えることはできなかった。地位は重要だ。大口客の多くは直接上司に頼むからだ。でも、絶対に彼女を押しのけてやろうと思った。

自らシナリオを書き、自ら演じる

どうしても彼女を超えらずに悩んでいたとき、副部長から役人の接待に行くよう指名された。神様が手を差し伸べてくれたのだと思う。

副部長は三十四歳、ふたつの大学でＭＢＡを取得し、二年前に離婚していた。彼を見るなり、ただ者ではないと思った。体型は良くなかったが全く気にならなかった。

食事の席で彼が私の仕事ぶりを褒めてくれたので、ものすごく嬉しかった。社員は二千人もいるというのに。彼に気に入られたくて無理をしてお酒を飲み、結局彼の車を汚してしまった。新車だったのに、彼は私を責めることもなく家まで送ってくれた。

翌日、車の臭いを消してもらおうと香水を持って謝りに行ったら、車内はもうきれいにしたし車専用の消臭剤があるから気にしなくていいと言われ、彼に好意をもった。このチャンスを逃すまいとも思った。もちろん、私も彼も無教養な人間ではないから、肉体関係と会社での関係は切り離して考えていた。彼がそれを破ったら別れるつもりだった。

真理を貫くことと誤りを犯すことは紙一重だ。チャンスを摑むことと原則を守ることも紙一重だ。だから互いに仕事とプライベートはきちんと分けていたはずだ。

半年のうちに私の営業成績はぐんぐん上がっていき、上司に次ぐまでなったのに、彼女は私を認めてくれなかった。もうこれ以上、座して死を待つわけにはいかないと思った。

副部長のお供で接待の席に出るのはせいぜいひと月かふた月に一度だったが、毎回体を張って頑張った。酔っ払っているのに運転すると言い張り、ハンドルの前に居座ったこともある。あきれた副部長は私を抱きかかえて後部座席に座らせ、家まで送ってくれた。だが私が酔いつぶれたままだったので、彼は仕方なく自分の家に連れて帰り、そこで深い仲になった。

「監督」どころか「役者失格」だった

それから間もなく、彼には恋人がいることが判明した。こっそり彼の携帯電話をチェックしたら、「どうして何日も会いに来てくれないの?」という女からのメールが見つかったのだ。名前を見たら、何と私の知人の奥さんだった。調べてみたら、たしかにその女だった。彼に対する思いがどうにもならなくなった頃、彼はその女と別れたが、主役はどう見ても彼だった。

私の部署には、二年経ったら異動しなければならないという暗黙の了解がある。職場に活気を持たせるためだ。そこで私は機を見計らい、大嫌いな例の上司を異動させるよう願い出た。彼女の営業成績は良好で、解雇させるのはどう考えても無理だったので、せめて配置換えを狙うしかなかったのだ。

条件が揃えば事はうまく運ぶものだ。旧正月明けの二月六日に出勤したら、人事異動の通知があった。私はついに彼女の地位を奪ったのだ。彼女は品質検査部主任になっていた。

これで一件落着と言いたいが、そうは問屋がおろさない。彼を利用するつもりだったのに、いつの間にか本気で愛していたからだ。彼が女子社員と一緒にいるだけで気になり、捨てられることを恐れた。こんなに仕事のできる男はそうそういるものではない。

感情というものは、本当にわからない。彼を捕まえようとすればするほど逃げていくような気がした。ある日思い切って自分の気持ちを打ち明けたら、もう結婚する気はないと言われてしまった。

私たちの関係もいつの間にか周囲に知れわたっていて、私が体を武器に今の地位を手に入れたという噂も広まっていた。前の主任より営業成績は良かったのに「女ギツネ」と後ろ指を差された。先頭に立って私を非難したのは、何と以前励ましてくれた同僚だった。

私はどうなるのだろう。体を張って今の地位を摑み取り優秀な業績を上げたというのに、みんなには認めてもらえない。体を張って愛情を探し当てた気になっていたのに、相手は結婚する気などない。全て自分が仕切っているつもりだったのに、実は仕切られていた。シナリオはどうなってしまったのだろう。

私は若くて何でも持っているように見えるかもしれないが、本当は何も持っていない。未来さえ見えないのだ。

本書の翻訳について

本書が底本とした原著名は『中国単身女性調査』（二〇一〇年九月、新華出版社）である。『中国単身女性調査』は、著者の呉淑平が中国の独身女性たちと直接会ったり、あるいはメールなどの通信手段を用いて、彼女たちの生活実態や想いを聞き取り、それをまとめたものである。なお呉淑平は、当事者たちの語り口がそのまま生かされているとは言い難いが、すべて彼女たちが語った内容であり、事実であることを「自序」で強調している。

登場する女性は二十六人で、著者が深圳に定住している関係からか、聞き取り調査をした地域は十四人が深圳で、次いで北京六人、広州二人、上海一人となっていて、残りはメール等での聞き取りである。

これら二十六人中、半数以上が現在、中国で〝剩女（ションニュ）〟と呼ばれる都市型、高学歴、高収入で、なお独身でいる女性たちと言っていいだろう。この〝剩女〟という言葉、日本では「売れ残り女」などと訳される場合もあるようだが、本書でおわかりのように、個人的な理由によって「結婚しない」明確な意志を持つ女性から「結婚をためらう」、あるいは「結婚できない」女性までさまざまである。

〈翻訳について〉

訳書名が原著書名と大きく異なっていることをお断りしておく。

また原著では、二十六人のうち十六人について、女性の出自や生活の状況、その環境、さらには当人の人物印象等々がそれぞれの冒頭に記されている。

さらに二十六人全員について、各文末にすべて「情感透視と分析」欄が設けられ、女性たちの独白に対する著者の見解が述べられている。

これらは原著では重要な役割を担っていると思われるが、日本の読者には必要ないと判断し、すべて翻訳から外した（この点は著者の諒解を得ている）。

本文中の日本語訳では、逐語訳となっていない部分や、段落なども原文通りではない箇所があることをお断りしておく。

翻訳するにあたって、メンバーである鈴木大樹、代珂、牛耕耘、都馬ナブチ、土屋肇枝、鷲巣益美、宮入いずみ、南雲智がそれぞれ分担して作業を進めた。以下に各人の分担部分を原題（活字の関係で簡体字表記ではない）と日本語題を併記して示しておく。

鈴木大樹　「人生若只如初見」「あのころに戻りたい」

代珂
「北漂女子」「私が北（ここ）まで来た理由」
「我是魚缶里的魚」（「私は金魚」）
「一個錯別字引発的私情」（「一文字が不倫の始まり」）
「北京辣妹子」（「北京のカリスマエステティシャン」）
「上海未婚媽媽」（「女は子どもを産む機械だなんて！」）

牛　耕耘
「単親女孩」（「母も私も結局〝女〟」）
「漂亮結婚狂」（「結婚したい！」）
「海帰紅顔」（「留学はしたけれど」）
「羊愛上狼」（「羊はオオカミが好き」）
「単身媽媽」（「シングルマザー」）

都馬ナブチ
「有一種愛叫化縁」（「僧侶と恋に落ちて」）
「我的愛情没有童話」（「おとぎ話とは違ってた」）
「欲望女人」（「欲張る女」）

宮入いずみ
「跟両個男人同居的日子」（「二股の果て」）
「没有帰宿的愛情」（「この気持ち、どうすればいいの？」）
「浮華城市」（「街は輝いているけれど」）
「尋找仮日情人」（「求む！　休日の恋人」）

南雲　智
「自序」（「自序」）

土屋肇枝　「逃離豪門」（「金持ちなんて最低！」）
「性別女、愛好男」（「男好きの女」）
「傷心少婦」（「結婚はしたけれど」）
「同心而離居、憂傷以終老」（「心はひとつ」）
鷲巣益美　「天堂情人」（「天国の恋人」）
「誰是第三者？」（「第三者って誰？」）
「遍地曖昧」（「はっきりさせてよ」）
「一場遊戯一場夢」（「ゲームなのか夢なのか」）

翻訳終了後、土屋、鷲巣、宮入が全訳文をとりまとめ、訳文チェックを行い、宮入が全体の統一作業をおこなった。南雲は統一作業が完了した全訳文に目を通し、一部に手を入れた。

コラムは本書を理解するのに多少なりとも役立てばとの思いから訳者らが加えたもので、原著にはない。コラム執筆者と執筆項目は以下の通りである。

鈴木大樹　「中国の学校事情・大学生の就職事情」
代珂　「中国における通信手段の変遷について」
都馬ナブチ　「近年の離婚事情とその後」「近年の結婚事情」
土屋肇枝　「中国人の収入について」

鷲巣益美　「中国の住宅事情」
宮入いずみ「中国の出稼ぎ事情」

なおコラムの最終的な検討、文体統一などは土屋、鷲巣、宮入が担当した。

本書は土屋、鷲巣、宮入三氏の尽力によって、ようやく陽の目を見ることになった。私だけの力では刊行はまだまだ先のことになったはずである。この場を借りて三氏には深く感謝する。

最後になりましたが、いつものこととはいえ、あっさり本書の刊行をお許しくださった論創社の森下紀夫社長にはお礼の言葉もありません。

また本書の編集担当者松永裕衣子氏には忍の一字を強いることになったうえ、いろいろお世話になり、ありがとうございました。

二〇一六年十月二十九日

南雲　智

†訳者

南雲　智（なぐも・さとる）

1947年生。東京都立大学大学院人文科学研究科博士課程満期退学。大妻女子大学教授。主な研究分野は中国近現代文学、文化。

宮入いずみ（みやいり・いずみ）

1962年生。東京都立大学大学院人文科学研究科博士課程中途退学。明治学院大学、中央大学ほか非常勤講師。主な研究分野は中国近現代文学。

鷲巣益美（わしず・ますみ）

1964年生。東京都立大学大学院人文科学研究科博士課程満期退学。明治学院大学、中央大学、慶應義塾大学ほか非常勤講師。主な研究分野は中国近現代文学。

土屋肇枝（つちや・としえ）

1964年生。東京都立大学大学院人文科学研究科博士課程満期退学。慶應義塾大学、中央大学ほか非常勤講師。主な研究分野は中国近現代文学。

都馬ナブチ（とば・なぶち）

1965年生。東京都立大学大学院人文科学研究科博士課程満期退学。拓殖大学非常勤講師。主な研究分野はモンゴル文学、文化。

鈴木大樹（すずき・ひろき）

1984年生。首都大学東京大学院博士課程。天津外国語大学求索栄誉学院日本語教師。主な研究分野は中国近現代文学、文化。

代　　珂（だい・か）

1985年生。首都大学東京大学院博士課程修了。博士（文学）。首都大学東京人文社会系助教。主な研究分野は中国近現代メディア文化、植民地メディア文化論。

牛　耕耘（ぎゅう・こううん）

1986年生。首都大学東京大学院博士課程。主な研究分野は中国近現代文学。

†著者
呉淑平（ウー・シューピン）
中国作家協会会員。福建省詔安生まれ。現在は深圳市に住む。かつて深圳新聞グループの編集と記者、雑誌『鳳凰生活』の主筆を務めた。著書は20冊余、一部は欧米や日本で翻訳、出版される。中国青年文学賞、第8回深圳青年文学賞を受賞。主な作品に長編小説『商道門徒１，２』『連鎖風雲』『商情水滸』のほか『中国単身女性調査』『Single in the city』などがある。

独りじゃダメなの―中国女性26人の言い分

2017年3月10日　初版第1刷印刷
2017年3月20日　初版第1刷発行

著　者　呉淑平
監・訳　南雲智
訳　者　宮入いずみ・鷲巣益美・土屋肇枝ほか
発行者　森下紀夫
発行所　論創社
東京都千代田区神田神保町2-23　北井ビル
tel. 03（3264）5254　fax. 03（3264）5232
web. http://www.ronso.co.jp/
振替口座　00160-1-155266

装幀／野村 浩
組版／フレックスアート
印刷・製本／中央精版印刷
ISBN978-4-8460-1588-6　